不思議Dr.《ドクター》はっしーの運がよくなるクリニック

医学博士
橋本和哉
Dr. Kazuya Hashimoto

サンマーク出版

ブックデザイン／イラスト　和全（Studio Wazen）
DTP　朝日メディアインターナショナル株式会社
編集協力　江藤ちふみ
株式会社ぷれす
編集　金子尚美（サンマーク出版）

人生には
いろいろな
ことがある
お金、恋愛、人間関係、
仕事の問題……
誰もがすべて
うまくいくことを
願っている
しかしどんなに
「努力」しても
当たったー
宝くじ
「運」によって
左右されて
しまう……
ハズレ
次の方、
診察室にどうぞ

ヒラッ
キラン
運とは何か？
どうすれば
運がよくなるのか？

Dr.はっしーや！よろしゅう〜
ハリー・ポッターかと思ったん？ちゃうよ〜
おしえてください！
このクリニック（本書）で学んでみませんか？

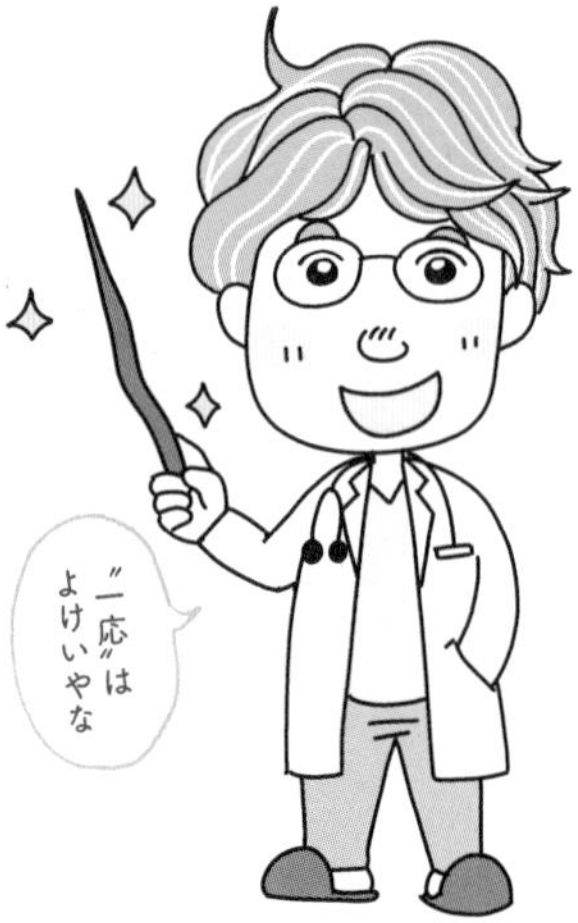
“一応”は
よけいやな

Dr.はっしー

この本の著者。木製のワンド（杖《つえ》）を使って「気当て診断」をし、霊やトラウマなどの有無を診る。一応、医学博士。一応、内科外科医院の院長。「大阪のハリー・ポッター」と一部で言われているとか、いないとか……。

ここが、ウワサの
運がよくなる
クリニックか!

記者

「不思議新聞」記者。大阪にすごい先生がいると聞きつけて、取材にやってきた。
取材にかこつけて自分の運をよくしたいと考えている。某アニメ好き。

お注射打ち
ましょうね〜

看護師

何事にも動じないクールでドSぎみの看護師。

※Dr.はっしー以外、登場人物はフィクションです。

プロローグ

不思議なクリニックにようこそ

こんにちは。今日は、どうされましたか？

「心配事が頭から離れず、うつうつとしています」
「なんとなく体調が悪い日が続いていて、でも病院では問題ないと言われました」
「不運続きで、自分は幸せになれないのかもと不安なんです」……。

そうですか、そりゃ大変ですね。でも大丈夫です。

不幸や不運は、あなたのせいばかりではありません。

風邪のウイルスと同じ。かかるときは、かかるのです。

風邪だって、どんなに注意しても、ウイルスが体に入ればかかりますよね？ 不運の元を取り除き、幸せな人生に戻りましょう。

さて、そのお話の前に、私のこと、ちょっとお話しをしましょう。

大阪の住宅街でクリニックをやっています。

内科の他に、外科や神経内科・整形外科・理学診療科・東洋医学科の診療もやってます。**気功や漢方、医療ヨガなども取り入れて、西洋医学だけでは解決できない体の不調も診ています。**でも、もうひとつ、大きな特徴があるんです。

「気当て診断」という特別な方法を使って、「人生の不調」も診るんです。

気当ては、患者さんの体に「気」を当て、その反響によって不調の原因を調べる診断法で、研究を重ね、私が開発した方法です。

気を扱うので科学で認められた手法ではありませんが、一般的な検査では解明できない潜在的な原因を探ることができます。

その方法や効果については、本文でくわしくお話ししますが、この診断法によって、これまで多くの方が心と体の健康を取り戻していきました。

それだけやありません。「夢がかなった」「運に恵まれるようになった」とおっしゃる方が続出。

なかには、結婚や就職が決まったり、家庭や職場の不和が解決したりした方もたくさんいます。

いまでは、近隣からお見えになる患者さんに交じって、日本各地、時には海外からも、ウワサを聞きつけた患者さんが訪れます。

そうはいっても、うちの病院の宣伝をしたいわけではありません。無理に来ていただかなくてもけっこうです。

本書が、あなたにとっての「運がよくなるクリニック」になるよう、お話しし

ていきますね。

開運にはまず〝いらんもの〟を取り除く

ところで、開運って、いったいなんのことだと思いますか？

もし、人生がうまくいくことを開運というなら、基本的には、自分にとって不要なものを排出して、必要なものだけを入れていったら、開運につながります。

不運にする原因をどんどん取り払っていけば、人生が楽になり願いがかなう。

私は、こんなふうにシンプルに考えてるんです。

でも、**人間の力だけでは限界があります。**平穏に毎日を送りながら願いをかなえていくには、先祖や神仏のバックアップが必要です。

つまり、いい人生を送るためには、**〝いらんもん〟は排除して、自**

分を助けてくれる「見えない存在」の力を借りればいいというわけなんです。

では、〝いらんもん〟と言いましたが、日々の幸せを邪魔するものには、どんなんがあると思います?

けっこういろいろありますよ。

たとえば、**人の意識や場所から受けるエネルギー、過去のトラウマやネガティブな感情、電磁波や化学物質……。時には、霊が人間に悪さをしている場合もあります。**

「ほんまに!?」と驚かれるかもしれませんね。その気持ち、ようわかります。私も最初は、そう思いました(笑)。

でも、原因不明の症状で悩む患者さんを気当て診断するうちに、どうやら霊と呼ばれる「意識体」が、人間に悪さをしているケースがあるとわかったんです。

それらはすべて、マイナスエネルギーとなって人生がうまくいくのを妨げます。

マイナスエネルギーがある状態は、たとえるなら、手足を縛られたようなもの。体に重石《おもし》をつけられたようなものですからね。

そんなものがあったら、運を上げようとしてどんなにパワースポットに行ったり、開運グッズを持ったり、ポジティブ思考をしたりしても、人生を好転させるのはむずかしくなるんです。

せっかくがんばっているのに、**マイナスエネルギーのせいで努力がむくわれないんやったら、もったいないですやろ。**

だから、「思うようにいかんな」「願いがかなわんのはなんでやろう」と思ったら、開運法を試す前に、まずマイナスエネルギーを取り除くことが、ものすごく大事なんですよ。

不運になるのは風邪をひくのと同じ

誤解してる人が多いので、長年たくさんの症例を診てきた医師として、ここでもう一度声を大にして言います。

不幸や不運は、必ずしも自分のせいやありません。


マイナスエネルギーは、風邪のウイルスと同じやと考えてください。

風邪をひくのは、「自分のせい」だけですか？

違いますよね。たまたまウイルスに感染しただけのこと。自分からそうなりたいと思って、風邪をひく人はいません。

予防すればよかったんやという話もありますが、どんなに気をつけていても、風邪をひくときには、ひいてしまいます。
もし「運がないわ」「なんで不運なんやろ」と思っているのなら、マイナスエネルギーという「不運ウイルス」に感染しているだけなのです。

正しい知識があれば、不運は予防できます。

また万が一、**不運ウイルスに感染していたとしても、適切な措置をとれば撃退できます。**

その2つを学んで実践すれば、おのずと「運がいい体質」に変わっていくんです。すると、ちょっとくらいマイナスエネルギーがやってきても、「あれ、そんなんあったんかいな?」と、気にならなくなりますよ。

風邪ウイルスをもらっても、基礎体力があれば発症せずに済むのと同じです。

運をよくするには秘訣があるんです

その上で、自分自身の力を発揮するために、魂を輝かす方法、そして先祖や神仏の力をお借りする方法もお教えします。

じつは、見えない存在にお願いして助けてもらうには、ちょっとした秘訣《ひけつ》があるんです。

その秘訣を知っているのと知らないのとでは、大違い。
確実に願いを届ける方法も研究し、大勢の方に喜んでいただいているので、ぜひあなたの人生にも生かしてください。

もちろん、心身の不調があったら、まず医師の診断を仰ぐのが基本です。

でも、それでも解決できない問題もある。また、「医者に行くほどじゃないんやけど、なんか調子悪いねん」というときもある。そんなときに、私の話が何かの役に立てればうれしいなと思います。

診察室でのエピソードもいろいろお話ししましょう。

もしあなたがいま、しんどいなあと思っているとしたら、「つらいのは自分だけやない」とわかってもらえるはず。

そして、**必ず現状から抜け出せる道があると、気づいてもらえるはずです。**

そういえば、「先生と話してると、なんやホッとして楽になるわ」と、よく言われるんです。そう言ってもらえると、私も心がほっこりします。

この本を手にとってくれたあなたにも、そんな気持ちになってもらえたらと思って書きました。

人生、捨てたもんやありませんよ。

人は、誰でも幸せになる力をもっています。
その力を十分に発揮して、健康で楽しい人生を送ってください。

不思議Ｄｒ．はっしーこと　橋本和哉

不思議Dr.はっしーの運がよくなるクリニック　もくじ

第1章

まずは、運が悪くなるさまざまな原因を取り除く！

第2章 幸運のベースを作る体と場の整え方

第3章　魂が大きく輝けば、運は開ける

おもろいな〜
うん、自分ちでやってね
学問の神や、厄除けの神になりました

胸の前にボールが
あることをイメージ

第4章

先祖と神様・仏様から上手にご加護をいただく

第1章

まずは、運が悪くなる さまざまな原因を取り除く！

意思力や根性だけでは、
うまくいかないこともあるんやで。
自分を責めすぎたら、あかん。

あなたの不運は、あなただけのせいではない

ときどき「自分次第で、不運は変えられる」と言う人がいますね。

でも私は、あんまりそういう話は信じてないんです。

もし、マイナスエネルギーのひとつである霊や生霊が憑《つ》いたら、意識の力だけで取れるでしょうか？　残念ながら取れません。

「意識の力で、どないでもなる」と言う人は、きっと「いい条件」の中で生まれ、好環境の中で育ちはったんでしょう。

そして、自分が恵まれてることに気づいてないんです。

以前、ある著名人が「人生は、自分の思い次第でどうにでもなるのや」と言ってました。一流大学を出て、自分の専門分野だけでなく、芸能界や政治の分野で

も活動している方です。もちろん、その活躍はすばらしいと思います。

ご自身で努力もしたのでしょう。

でもその方は、いい遺伝子をもって生まれ、育った環境や住んでいる場所にも問題がなく、先祖のバックアップや神仏のご加護もしっかり受けている。それでうまくいっているんです。

でも現実は、そんな人だけではありません。

たとえば悪霊に取り憑かれたら、**本人がどれだけがんばっても、幸せに生きる道から落ちてしまう。いくら必死で努力しても結果が出ない。**人生がうまくいかず、ほんま泣いてはる人が、いっぱい、いっぱいおられます。

「結婚したい」と、ずっとお見合いを重ねてこられた40代のAさん（女性）も、そのおひとりでした。

Aさんは、かれこれ20年近くも婚活を続けてきました。

しかし、**ここぞという場面で、なぜか相手に罵詈雑言《ばりぞうごん》を吐いてしまうそうです。**

それで、必ず破談になってきたとのこと。就職試験でも、やはり面接の最中に会社の悪口を言ってしまう。当然、不採用が続き、バイト生活に甘んじていました。普通に考えれば、「なぜそんなバカなことをするんやろう」と思うかもしれませんね。

でも、大事な場面になると意識が飛んでしまい、自分でも何がなんやわからんうちに、勝手に口から悪態が出てしまうとか。

「なんで自分はこんな性格なのか。なんで幸せになれへんのか」と、Aさんは悩みました。セラピストや病院を尋ね歩いても解決せず、私のクリニックに相談されました。

縁談や就職がダメになるとわかっていながら悪態をついてしまう。そんな性格が、自分の意思のせいだなんてことはあり得ません。

さっそく気当て診断したところ、原因がわかりました。

4章でくわしくお話ししますが、**過去世からの強い因縁が、人生の障害となっていたのです。**私がある解決法を提案し、Aさんが実施したところ、症状が改善。**つい先日、うれしい知らせと花嫁姿の写真が届きました。**

「おかげさまで、ようやくどん底からはい上がって結婚できました」と書かれてありました。

ほんまに、よかったなあと、心がほっこりあたたかくなりました。

意識や根性だけでは、運は上がらない

世の中には、こんなふうにしんどい思いをされている方たちが、たくさんおられます。なかには追いつめられて、みずから命を絶とうと考えてしまう方もいます。そんな方たちに、**「考え方があかんのや」「根性でどうにかなる」なんて、間違っても言えません。**

でも、当の患者さんたちも、気の毒なことに「自分の性格や行動、生活態度が原因なんやないか」と悩まれています。診察室で、よく聞く言葉です。

「先生、私の行いや考え方が悪いから、こんなに体調が悪いのでしょうか」
「マイナス思考だから、ネガティブなエネルギーと共鳴して病気になったんや」
「悪いほうにばかり考えていたから、悪いことを引き寄せたんですよね」

私は、**「なんの関係もないですよ」「そんなアホなこと、考えてたらあきません」**とお答えします。

確かに、「自分の意思や意識次第で人生は思い通りになる」という考え方も、一理あります。**しかし現実は、もっと複雑です。**ひとつの理論だけで、すべての問題が解決するとは限らないんです。

極端な例かもしれませんが、たとえば、酸素ナシの部屋にポンと入れられたら、意思の力や根性だけではとうてい生きていけませんね。また、手で炎に触れようとしたら、熱くてやけどします。

意思力や根性さえあれば人生がよくなると言う人は、これと同じことを言ってるんです。

まだまだ、人生経験が少ないんやないでしょうか。

ほんまにしんどい思いをしている人と入れ替わってみたら、そのしんどさがわかるのになあと思います。

現代医学では解決できない「原因不明の病」はある

じつは子どもの頃、私の家にも、現在クリニックに来る患者さんのような方たちが、よく来られてました。


同居していた祖母に霊能力があり、相談者があとを絶たなかったのです。誰にも知られてないことを祖母から言い当てられて、相談者が驚く姿を覚えています。

小さいときからスピリチュアルなことや心理学に興味がありましたが、医師という職業を選んだのは、祖母の影響もあったのかもしれません。

ちなみに、他の家族も透視のような体験をしたり、親戚の死を予測したりと、やはり不思議な力をもっていました。

また、私自身も幽体離脱を経験したり、正夢を見たりするような変わった子どもでした。


医師になってからは、プライベートでは趣味の旅行を楽しみながら、精力的に働きました。でも次第に、「無力感」を抱くようになりました。なぜかというと、**現代医学では抜本的な解決にならない例が、たびたびあったからです。**

たとえば、頭痛やめまいを訴える患者さんに薬を処方すると、一時的に症状は治まります。しかし、薬が切れれば、元の状態に逆戻り。

原因がわかれば対処法は見つかりますが、レントゲンやＭＲＩの検査で異常が出なければ、もうお手上げです。そんなとき、「医学は、ほんまに無力やな」と思いました。


原因不明の場合は、「心理的な原因だろう」と診断されて、精神安定剤を処方される場合も少なくありません。

ネタバラシをすれば**「自律神経失調症」と診断されたら、「ほんまは原因不明なんやな」と思ってください。**

また普通の病院では、診療科目ごとに別の医師が診断します。だから、トータルに患者さんを診られず、真の原因を見抜けない場合もある。

それで病院通いしているのに、いっこうに症状が改善しないと、ずっと悩んでいる患者さんもおられます。

もちろん西洋医学は、必要不可欠なものです。現代医学があるからこそ、平均寿命が延びて、多くの人の命が救われました。

でも、「自分は、患者さんの役に立ててるのやろうか。この医療でいいんやろうか」と、普段は楽天的な私も、次第に疑問を抱くようになりました。

人生の不調の原因を探る「気当て診断」

私は30代に入り、東洋医学や気功、整体、ヨガ、催眠療法なども含め、ありとあらゆる医療を学び、自分なりに研究を始めました。

その探求の中で生まれたのが、「気当て診断」です。

気当て診断とは、**患者さんの中にあると予測されるもの（病気やウイルス、マイナスエネルギー）を意識しながら、対象物（患者の体）に気を当て、その有無を確認する診断法です。**

たとえば、「ウイルス、ウイルス……」と意識して患者さんに気を当てます。その意識に共鳴して気がはね返ってくれれば、ウイルスが体内にある。何も反応が返ってこなければ、ウイルスはないと判断します。

わかりやすくいえば、コウモリが超音波のはね返りでものを探るようなもの。超音波の代わりに気を当てて、その反射によって何があるかを診断する方法です。

具体的には、がんなどの病気やウイルスの他、悲しみや怖《おそ》れなどの感情、トラウマ、霊などのマイナスエネルギーもわかります。

意識するものは自由に変えられるので、寺社や土地、薬、食材との相性を診断したりするなど、いろいろな分野で応用できます。

気を当てるだけで病気や不運の原因を診断できるなんて、私自身も、最初は半信半疑でした。

でも、わかりだしたらおもしろい。**気当てで選んだ漢方薬で、患者さんがみる**

うん、気がはね返ってくるね体内にあるね
気当て診断中
え!!
なんのウイルスですか?
相当濃~い……
オタク気質が!
ズコーッ
……
これが痛バッグ……

みる元気になったり、トラウマを指摘した患者さんが「なぜわかるんですか!?」と驚いたりする。

「これは、すごいわ」と自分でも感心しながらやっていくうちに、霊の存在も気当てでわかるようになりました。

霊はやっかいですが、対処法さえわかれば、むやみに怖れることはありません。何をしたら霊が退散するかも、気当てで知ることができました。

医者がこんなことを言うと叱られるかもしれませんが、じつをいうと、私は高い志で「人を助けよう」と思ってこれまでやってきたんやないんです。

もちろん、「患者さんによくなってもらいたいなあ」という気持ちはあります。でも、**「わあ、こんなこともできるんか」「なんや、おもろいなあ」とトライアンドエラーを続けたら、いろんなことができるようになり、患者さんに喜んでもらえるようになったんです。**

自分なりに分析すると、もともと霊的に敏感な家系だった上に、気功やヨガを習得し、エネルギー感度が高くなったこともあり、気当て診断ができるようになったんだと思います。

先生、やはり
さすがです
たくさんの人を救いたいという使命感や志で活動しているのですよね？
んん？
それもあるけど…
やっぱり
不思議っておもろいやろ！
おもろいからや！
ズコーッ
結果、たくさんの方のお役に立っているのでいいかと

マイナスエネルギーを取り除けば、自然に運は開けていく

心身の不調が続いたら、もちろん病院に行くべき。でもその前に、自分のまわりにマイナス要因がないかを見て、対策をとることができます。

体内の毒を排出するデトックスと同じで、運をよくするにも、エネルギーのデトックスが必要です。

「毒」や「ばい菌」まみれの状態で、開運法を試したりパワースポットでいい気を浴びたりしても、あまり効果はない。まずはデトックスしたほうがいいですよ。

マイナスエネルギーがあると、気持ち的にも、「毎日しんどいなあ」「どうしてうまくいかんのやろ」と暗いほうに考えがちになります。

さらには、「人生がうまくいかへんのは、○○のせいや」と、他人や社会のせ

いにしてしまいます。そうするとよけいに苦しい。悪循環です。

でも対処法がわかれば、自分で自分に「お薬」を処方できるようなもの。そうすれば、いままで足かせになっていた重石《おもし》が外れるので、報われなかった努力や本来もっていた能力を、そのまま生かせるようになります。

では、代表的なマイナスエネルギーを見ていきましょう。

運を下げるマイナスエネルギー

①トラウマやマイナス感情
②霊（亡くなった人の霊、生霊、悪霊、魔物）
③成仏していない先祖
④瘴気《しょうき》
⑤その他のマイナスエネルギー
（電磁波やPM2・5、土地から来るマイナスエネルギーなど）

「そんなにあるんか！」と思ったかもしれませんね（笑）。でも、すべてに対策があるので心配はいりません。それぞれの特徴についてお話しします。

人生のブレーキになってしまう過去の心の傷

トラウマについてお話ししましょう。

トラウマは、一言でいえば、**過去に、いじめや虐待、ショックな出来事などを体験してできた心の傷です。**

その出来事を思い出すだけで、「不安が湧いてパニックになる」「強い怒りがこみ上げてくる」など感情を揺さぶられ、行動に影響を与えます。

でも、トラウマは一瞬で消せるんです。いまでも印象に残っているのは、Bさんの例です。

Bさん（女性）はパニック障害（閉所恐怖症）のせいで、ずっとエレベーターに乗ることができませんでした。

原因は10年前、電車に閉じ込められたこと。そのときものすごく苦しい思いをして、強い恐怖を味わい、それがトラウマになったのでした。いろいろな治療法を試したものの効果ナシ。Bさんは、もうあきらめている様子です。

「大丈夫、消せますよ」と、さっそくオーラの中にあるトラウマを見つけて消去。

その後、消えたことを確認してもらおうと、一緒にエレベーターに。すると、**それまでは怖くて一歩も踏み入れることができなかったのにスッと乗れ、しかも、25階まで昇ることができたのです。**

もちろん、パニックにもなりませんでした。Bさんは、ほんまに喜んでボロボロ泣いてました。

しばらくして、Bさんから、次のようなお礼のメールをいただきました。

「その後、急行電車や狭いところも克服しています。体がまだ反応してしまう感覚があるのですが、発作は一切出ません。10年ぶりに飛行機に乗って、札幌《さっぽろ》に帰省してみようと思います」

スムーズに人生を進めるには、このようにトラウマを解消しておくのが、ひとつのポイントだと思います。

むずかしくはありません。**気当てでトラウマの位置を探して消すと、長年その人を悩ませたトラウマの症状がスッと改善します。**

トラウマは「意思エネルギー」で一瞬にして消える

「トラウマの解消」というと、何か月もかけてワークしたり、高額のセラピーを受けたりせんとあかんと、思ってる人も多いんちゃいますか？（笑）

トラウマはものの数分もあれば、消えますよ。

パソコンで特定のデータを指定してデリート・キーを押すと、一瞬で消えますね。それと同じです。トラウマを見つけて、「消えろ！」と指示すれば、即座に消去できます。

一応理屈を説明すると、トラウマのエネルギーを意識の力で消すだけのこと（トラウマに限っていえば自分自身の意識が有効です。診療では漢方薬も使いますが、意識だけで消えるトラウマも多数あります）。

そのためには、トラウマの位置を正確に探し当てることが大事です。トラウマの位置を正確に見つけて「消えろ！」と指示すればパッと消えるので、全工程でほんの数分もかかりません。早ければ、1分で完了です。

では、トラウマはどこにあるでしょう。

答えは、その人の「オーラの中」。

オーラとは、肉体を取り囲むエネルギーフィールドですが、古いトラウマほど、**オーラの中で人体から離れた場所にあります。**

以前、子どもの頃にいじめを受け、いまでも当時を思い出すと怒りと悲しみが湧くという女性を診断したことがあります。

オーラを見てみると、**体から7メートルほど離れたところにトラウマがあり、ドーム状に彼女を囲っていました。**

その部分を消したあと、いじめについて思い出してもらいましたが、「なんとも感じなくなって、思い出すのもむずかしいくらいです」とのことでした。

人って不思議ですね。長年悩んだことが数分で解決すると、ドラマチックな展開を期待していた人は、肩透かしをくらった気分になることもあるのです（笑）。でも、「あ、そうか！」と**大切なことに気づくときは、じわじわではありませんね。本当に一瞬です。**その気づきがなければ、ずっと同じことで悩みつづけたでしょうが、気づきさえすれば、人はあっさり変われます。

「問題を解決するには、時間が必要」「苦労して努力しないと変われない」といった思い込みを外すのも、不運から抜け出すにはとても大事だと思います。

「トラウマを消すなんて特別なことができるのは、先生だけでしょ」と言われますが、診察室でも、ご自身でトラウマを消していただくことがよくあります。

エレベーターに乗れなかったBさんも、自分自身で「消えろ！」と指示したんですよ。もちろん、あなたもできますよ。

イメージを使ったワークに慣れてない人は、最初は少しむずかしいと感じるかもしれません。でも、そう感じるだけです。**人間はみな、ちゃんと意識の力をもっています。**何度かチャレンジして、コツをつかんでください。

トラウマ・デリート法

①体の周囲に、自分自身のオーラが広がっているのをイメージ

人間の体は、目には見えないオーラに囲まれています。それをイメージしてみましょう。

②オーラの中に、自分のトラウマが存在するのを感じてみる

たとえば、子どもの頃のつらい記憶や、大人になってからの苦しい体験などがトラウマのエネルギーとなり、オーラの中に残っています。イメージで、それを探してみてください。「なんとなく、ここにあの記憶がありそうや」「この辺がモヤモヤするな」といった感覚でかまいません。トラウマやと思うものは、すべて探しましょう。

③すべて探し終わったと感じたら、「消えろ！」または「出ていけ！」と指示する

心の中で言葉を唱えるだけでいいですよ。パソコンのデリート・キーを押してデータ消去するイメージです。トラウマの位置を意識しながら、オーラから消えてなくなるように指示しましょう。

④オーラの中から、トラウマが消えたと感じられたら終了

「なんや気持ちが楽になったな」「どんよりした気分が軽くなったわ」と感じられたら、トラウマが解消された証拠です。

成功者は境遇に関係なくトラウマが少ない

ただし、なんでもトラウマのせいにしてしまうのは、考えものですよ。

この章の最初に、不運は自分の意思力などの努力が足りないせいではないですよ、とお話ししましたね。

自分を責める必要はないけど、他の人や環境のせいばかりにするのは違いますね。トラウマを理由にして自分の態度を少しも省みなかったり、状況を深刻に捉えすぎたりする方が、ときおりいます。

先日も、ある男子高校生が、こんなことを言うんです。

「自分が不登校になったんは、親が悪いんや。お父さんもお母さんもうそつきや。だから、学校に行かんのや！」

とにかく、「親が悪い」の一点張り。ひきこもりになった原因は、すべて親にあると思っているようです。それで、こう言いました。

「あのな、君がそう言うてるから、思うようになってへんのよ。運をよくしたいなら、人のせいにしたらあかん。たとえ、ほんまに親が悪かったとしても、そんな考え方では、うまくいかへんよ」

確かに、この高校生のように考えたい気持ちはわからんでもありません。

でも、考え方次第で、出来事の意味はどんなふうにでも変わります。

名経営者で知られる松下幸之助さんは、10代の頃、海に落ちて死にかけたことがあるそうです。しかし奇跡的に助けられました。

そのとき、松下少年は**「このくらいで済んでよかった」と感謝して、「自分は運が強いんや」と思ったとか。**その後の活躍は、誰もが知るところです。

もし、同じ出来事が起きたとしたら、あなたはどう思いますか？

「死ぬかと思って怖かった」「自分はなんて運が悪いんや」と考え、トラウマになってもおかしくないかもしれません。そこで、**「命が助かってよかった」と感**

謝できる人は、やはり成功していくんだと思います。

気当てしていても、**成功している人やうまくいっている人は、トラウマをあんまりもってないんです。**かといって、その人たちが幸せな境遇で育ったかといったら、そうでない場合もたくさんある。

やはり、自分自身の考え方や気持ちによって、トラウマができるかどうかは変わるんですね。

「私が変われば」と考えすぎず、気楽にマイナス感情を解消！

怒りや不安、ねたみなどのネガティブな感情も、蓄積してマイナスエネルギーになっていきます。でも普通に生きていれば、悩んだりムカッとしたりすることもある。どうしても、マイナス感情は溜《た》まります。

だから、**こまめに解消していけばいいんです。**意外に身近なことでできますよ。

たとえば、親しい友だちとのんびり世間話をしたり、食事の席や酒席でくだらない冗談や日頃のグチを言って**わいわい楽しんだりするだけでも、すぐにマイナス感情は出ていきます。**また、趣味や好きなことに没頭したりカラオケで思い切り歌ったりしても、感情の解放になります。

でも、あまりにも毎日が大変だと、こんな簡単な感情解放すらできなくなる。感情を溜め込んで、体のトラブルや病気の原因になるケースもけっこう見かけます。ぜひ上手にこまめに解消しましょう。

また、なかには「この性格が悪いんや」と自分を責めている方もいます。

でも「よし、こんな性格になろう」と子どもの頃に自分で決めて、そうなった人がいますか？　いないとは言い切れませんが、かなりまれだと思います。

その人の考え方や気質は、両親や先祖から受け継いだ遺伝子とか、育てられた環境によって決まるもの。

たとえ、悩みがちだったり人づきあいが苦手だったりしたとしても、遺伝子や家系の影響ですから、すべてが自己責任ではありません。

ところが、皆さん「自分のせいで」「私が変われば」と「自分」にこだわる。

でも私から見れば、「自分」という存在は、それほどはっきりしたもんやない。

だから悩んでいる方に、よくこう言います。

「さっきから、『自分が、自分が』って言うてますけど、ほんまは〝自分〟なんてものは、何もあらへんですよ」

当然、相手は「はあ!?」と驚きます。

でも、考えてもみてください。

どんなにがんばっても、自分で心臓や肺を止めることはできませんね。

自分の力で、身長や髪を伸ばすこともできません。自分自身の体といえど、思い通りになるものなんて、筋肉（随意筋《ずいいきん》）を動かすくらいではないでしょうか。

ということは、**思考や感情も、自分で思っているほど自分でコントロールできるものではありません。**その程度の認識で暮らしたほうがだんぜん生きやすいです。また、自分の力を発揮できるようになります。

もちろん、マイナスエネルギーの影響を避ける手立てをとることは大切ですよ。

しかし深刻になりすぎず、人生を気楽に考えて、少しずつでも楽しむ時間を作ることも、それと同じくらい大事やと思います。

無防備な診療で霊がたくさん憑いてしまった話

気当てをしていて見つけたのが、霊の存在です。

最初の頃は、気当てでウイルスやがん細胞の有無を診断していました。

そのうち、「霊」と言って気をポンと当ててみると、反応があったのです。

「気当てで霊がわかるんか。これはおもろいやんか！」

そう思い、無防備に診療を続けました。

いま思えば、アホやったと思います。なんのプロテクトもせず、「あ、霊が憑いとるよ」とのんきに言いながら、患者さんを診ていたのですから。

ひと月ほどたった頃、体がものすごくしんどくなりました。気分もどよんとしてきて、患者さんやスタッフと会話するのも億劫《おっくう》に。

「これは、ちょっと普通とちゃうぞ」と思い、自分自身を気当て診断したら……。

なんと私に霊がたくさん憑いてるやないですか！

患者さんに憑いていた霊が、全部自分に来てしまったわけだから、しんどいはずです。あわてて、マントラ（真言）を唱えたり、マッサージをしたり……。当時、思いつく限りの方法を試してなんとか霊を祓《はら》いました。

そして、さっそく霊のプロテクト法を研究。結果的には、その方法が多くの人の役に立っているのですが、ほんまに油断は禁物です。

霊、霊……
お、反応ある
おもろいな〜
おもしろがってないで処置してくださいよ
なんや？
たくさん憑いてますね
え――!!

霊に好かれやすい人は優しい人

霊とは、そもそもどんなものでしょう。

普通、人が亡くなるとその意識体（霊）は肉体を離れ、本来戻るべき場所（いわゆる霊界）に戻ります。これが、仏教でいう「成仏」です。

しかし突然死したり、執着が残っていたりするとこの世にとどまり、土地にいついたり人間に憑依《ひょうい》したりして、悪影響を及ぼす場合があります。これが「霊障」です。次のような場合、霊障が疑われます。

・頭や肩が重い　・常に疲れている
・イライラしたり、怒りっぽくなったりする　・家庭や職場でけんかが増える
・目がうつろになる　・自殺願望がある　・電子機器が不調になる

・**アルコール依存やギャンブル依存になる**　・**事故や不幸な出来事が続く**

もちろん、このような状態がすべて、霊障とは限りません。
クリニックにも「霊のしわざやと思うんです」と思いつめた顔の患者さんが来ます。
でも調べてみると、ストレスや睡眠不足、貧血や甲状腺機能の低下などが原因の場合も。ですから、まずは心身ともに健康的な生活を心がけてください。

とはいえ、ほんまに霊が悪影響を及ぼす場合もあるので困りものです。

変な話ですが、霊もある程度「人を選ぶ」のを知ってますか？

盛り場や気の悪い場所で霊をもらってきてしまうのは、**一言でいえば「優しい人」です。霊も人を見ています。**

たくさんの人の中で「この人とおったら癒されるな」と思う人に、ヒュッとついていきます。夜の暗闇で、虫が光に集まるように「なんか、こっちに光があるぞ」と、優しい人に寄ってくるのです。

見知らぬ土地で道を聞く際には、親切そうな人に声をかけますよね。霊もそれと同じです。

霊に好かれる優しい性格の人は、生きている人間にも、もちろん好かれます。**見方を変えれば、仕事や人間関係ではうまくいきやすい人なんです。**ですが、もちろん霊が憑くのは望ましくありません。ぜひ、94ページからのプロテクト法を参考にして、日頃から防御してください。

依存心や好意ですら生霊になって飛んでくる

悪影響を及ぼすのは、死んだ人の霊だけとは限りませんよ。

「生霊」も、けっこうダメージが大きいです。「生霊」というと、おどろおどろしい感じですが、簡単にいえば「生きている人から受ける意識」です。

嫉妬やねたみ、怒りなどは、強い生霊になって飛んできます。敏感な人であれば「あ、いま飛んできた！」とわかることもあります。

「いや、私は人から恨まれることはしてへんから大丈夫」と安心している人も用心を。**生霊を飛ばすのは、マイナス感情をもっている人だけではありませんよ。**

たとえば、「○さんにこうしてほしいんやけどな」という依存心や依頼心、また**「○さん、最近何してはるんかな」といったなにげない思いも生霊になります。**

意外かもしれませんが、相手を思い浮かべながら発した意識は、**「好き」という気持ちでさえも生霊となって、一瞬で飛んでいきます。**

それらのエネルギーは、相手にベタベタとくっつきます。

「なんだか体が重い」「なんとなく、気持ちがどんよりする」と感じたら、それは誰かがあなたのことを好ましく思っているからかもしれません。

愛情は、まだそこまできつくないですが、依存心や依頼心はけっこうヘビーです。頭や肩などに、グサッと突き刺さるような意識エネルギーが飛んできて、急に頭痛や肩こりがしたり、時には、四十肩や五十肩になったりする場合も。

特に、人から頼られやすい、セラピストやカウンセラー、医療従事者、教員などは注意してください。

これは逆にいえば、**あなたが誰かに対して好意を抱いたり、依存心をもったりしただけで、相手の負担になっている場合も大いにあるわけです。**

たとえば、あなたが「あの人、どうしてるんやろな」と思ったとたん、サッと相手のところにエネルギーが飛んでいきます。それが、心配や恨み、依存心であれば、強いエネルギーとなって相手に突き刺さる可能性もあるのです。

もちろん恋愛をしたり、誰かを大切に思ったりすることが悪いわけやありません。「そんなこともあるんやな」と知っておいてください。

いずれにしろ、生霊は他人が送るのですから、飛んでくるのを止めることはできません。そういったエネルギーが来ることを意識して、「寄せつけないぞ！」と思っているだけでも、影響を受けるのを防げます。

ちょっと変わった症状の患者さんに憑いていたのは……？

ある日、診察室に、ちょっと変わった症状の患者さんが来ました。

突然、食欲が異常に湧くようになり、日常生活に支障をきたすのでどうにかしてほしいというのです。

どのくらい異常かというと、空腹で夜中に起き出し、冷蔵庫を開けて手当たり次第に食べるのだとか。時にはその場で、ケチャップの容器をくわえたまま寝ていることもあったそうです。

でも、本人はまったく覚えてない。それで、困り果ててはりました。

気当てすると、〝妖怪〟に対して反応が出ました。

妖怪は、魔物の一種です。こんなふうに、**人が突然変わったときは、魔物が憑いている可能性が高いかもしれません。**

昔話や小説でもない現実世界に、そんな存在がおるとは信じられないでしょうか。でもこの世には、妖怪や鬼など、人間や社会に、災いや不幸をもたらそうとする魔物が存在します。

魔物は強力な力をもっているので、取り憑かれたら大変です。

彼らは、いじめっ子が弱い者いじめをするように、人をいたぶって楽しみます。だからどんなにつらくても、じっとがまんするしかないような状況になってしまうのです。

魔物に取り憑かれると、やることなすことうまくいかず、どんどん不幸になっていきます。また、心身症のような症状になり、精神科や心療内科で治療を受けるけど、ほんとは魔物のしわざだった……ということも。

もし取り憑かれたら、魔物を潰すまで、徹底的に戦うしかありません。

でも、これを自分でおこなうのは危険な行為。十分な知識と相応の能力をもった専門家の領域です。私も治療の一環として、魔物祓いをしてきましたが、通常の何倍ものエネルギーを使うので、心身ともにかなり消耗します。

ただし、魔物が一般の人に憑くのはごくまれです。普通の人が普通に暮らしていたら、まず関係ないので、ご安心を。

むしろ気をつけてほしいのは、魔物そのものではなく、「魔物が憑いた人」です。魔物が、功名心や出世欲の強い人間に目をつけて、利用する場合があるのです。

あなたのまわりに、それまでは謙虚でええ人やったのに、成功したとたん、人格が変わったように傲慢になった人はいませんか？

そういった人は、魔物が憑いている可能性大です。有名になれば、大勢の人に影響を与えられますね。だから魔物は、野心の強い人に取り憑いて出世させ、カリスマに仕立て上げるのです。

その人間が有名になればなるほど、魔物の影響力も増すので、楽しくて楽しくて仕方ありません。魔物自身も元気になり、その人間にますます力を与えます。

そうした人はすごいパワーがあるので魅力的に映りますが、見抜けずにその人の近くにいると影響を受け不運になります。

相手に魔物が憑いていないかを見分けるポイントを教えます。

それは、**その人から、優しさやあたたかさ、清潔感やさわやかさが感じられるかどうかです。**

逆に、ギラギラした雰囲気や自己中心的な態度、自己顕示欲が見え隠れする人は、要注意。自分の感性を信じて、相手に対する違和感を見逃さんようにしてくださいね。

ただ、「この人、魔物が憑いてる?」と疑心暗鬼になったり、自分に憑いてるかもとビクビクしたりするのは、時間とエネルギーの無駄遣いです。

過敏にならず、何事も決めつけすぎないようにしましょう。

特に重要な2つのマイナスエネルギー

開運のために取り除きたいマイナスエネルギーのうち、特にしっかりご説明したいものが「成仏できていない先祖」と「瘴気」です。

どちらものちほどくわしくお話ししますが、この章では概要のみ、お話ししておきます。

いうまでもなく、先祖は私たちを守ってくれる存在です。

しかしそれは、「成仏した先祖」のこと。**10代さかのぼれば、ひとりの人間に1000人以上もの先祖がいます。**その中には、成仏できてない先祖がいてもおかしくありませんね。

運を下げてしまうマイナスエネルギーには、このような「成仏できていない先祖」の霊もあるのです。

万が一、成仏できずに苦しんでいる先祖がいたとしたら、子孫に助けてもらおうという意識が飛んでくることもあります。また、先祖をないがしろにしていると、それが原因で運気が落ちてしまうことも。

供養の仕方や感謝の届け方は、4章でくわしくお話ししていきます。

そして、マイナスエネルギーには「瘴気」という、日常的なエネルギーもあります。

瘴気とは、もともとは、山や川から発せられる毒気を含んだエネルギーを指します。怪奇小説や怪談などに「瘴気が漂う」という表現が出てきますが、そちらは毒気や妖気です。

瘴気は、日常的に発生しているわりには、ほとんど注目されてきませんでした。

この本で扱う瘴気は、「空間に漂っているマイナスエネルギー」。

掃除をしてない場所や気の悪い場所などに発生し、慢性的に運を下げていきます。なんとなくやる気が出なかったり、運が停滞していると感じたりしたら、瘴気の影響を考えてみましょう。

また、肉体的に疲れると、自分が瘴気を発するようになるので、日々のケアが大事になってきます。くわしくは、2章でお話しします。

身近なマイナスエネルギー「電磁波」「PM2・5」などによる影響

この他にも、日常生活の中にはさまざまなマイナスエネルギーがあります。

でも、あまり理解が進んでおらず、「霊障や」「トラウマや」と来院された方の悩みの原因が、じつは、**身近なマイナスエネルギーだったケースも少なくありません。**そこで、代表的なマイナスエネルギーをまとめてみました。

電磁波

スマホ、パソコン、テレビ、電子レンジなどの電子機器からは電磁波が発生しています。その影響で、だるさや冷え、しびれ、不眠、イライラなどの症状が現れ、時には、慢性的な体調不良に発展する場合も。

電磁波については、私も盲点になっていました。ある日の診療中、突然胸がギユーッと締めつけられるような痛みに襲われました。

「やばっ、心筋梗塞か、狭心症か⁉」

あわててクリニック内の心電図で検査しましたが、問題ナシ。レントゲン撮影もしたのですが、動脈解離でもない。


気当てすると、霊が少し憑いていたので除去。「最近忙しかったしなあ。疲れかな」と考え、漢方薬を飲みました。ちょっとはよくなりましたが、まだ胸が重い。

そこでようやく、「ひょっとして、パソコンの電磁波のせい？」とひらめきました。気当て診断をしたところ、大正解。電磁波を消す気功をしたら、スッと通常の状態に戻りました。長時間ではないから大丈夫と安易に考えていましたが、こんなに影響があるのかと驚きました。


特に、スマホやパソコンは、電磁波以外のマイナス要因もあります。**ネットからマイナスエネルギーを含んだ情報が入ってくるんです。**

ネットを見はじめると、知らず知らずのうちに時間が過ぎますが、口コミサイトやSNSなどからも、ネガティブな情報が入りやすいので気をつけましょう。

私の体験からいうと、電磁波は体に蓄積し、なかなか消えません。

最近は、さまざまな電磁波防止グッズも売られています。自分に合ったものを探してみるのもいいでしょう。

PM2・5

近年は、PM2・5の影響も増えてきました。

風邪を訴えて来られる患者さんを気当て診断してみると、PM2・5が原因だったということも多いのです。

たいていの患者さんは、まさかPM2・5が原因とは思わないようで、「PM2・5の影響ですよ」と言うと意外な顔をされます。そして漢方薬などを処方するとケロッと症状が治まるので、さらに驚かれます。

以前、他の病院で筋肉がやせ細ってしまう難病のALS（筋萎縮性側索硬化症）と診断されたという患者さんが来院。

何度か通院されたのですが、あるとき「ここに来るのは、今日が最後かもしれません」とおっしゃる状態までやつれてしまいました。それまで、あらゆる方面からマイナスエネルギーを消してきたので、もう手立てが見つかりません。

でも、「もしや」と思って気当てしてみると、ＰＭ２・５が悪さをしていることがわかりました。

それで漢方薬を処方したところ、なんと、どんどん回復。

その後は、趣味で滝行をされるなどして元気ピンピンです。ご本人も「絶好調」とのことで、「先生、あのしんどさはなんやってんな」と笑っていました。

次のような症状が起きたら、ＰＭ２・５の影響の可能性も考えてみましょう。

- **喉がいがらっぽい**
- **だるい**
- **体を動かしにくくなった**
- **目がチカチカする**
- **頭がボーッとする**

飛来が多くなる春先以降は、**マスクをする、窓を閉めるなどして予防することが**

肝心です。

土地にあるマイナスエネルギー

住んでいる土地や足を運んだ土地が、心身に害を与えるケースもあります。

これを、「ジオパシックストレス」といいます。

たとえば、墓地の近く、刑場や古戦場の跡、また、地下を水脈が通っているところは、マイナスエネルギーを発している可能性が高い。そして、霊も集まりやすい。


そんな場所に住んでいて、何年来の体調不良が続いている患者さんも多くいます。この場合、本人だけにアプローチしても、症状がぶり返すんです。

でも、家と土地を除霊するとエネルギーもスッキリし、症状が落ち着きます。

なんとなく嫌やと感じる土地には、なるべく行かないようにするか、短時間でその場所を離れるようにしましょう。

第2章

幸運のベースを作る体と場の整え方

不運は予防できます。
病気を防ぐのと同じように、
栄養をとったり、休んだり、
掃除をしたりが大事やで。すべての基本やね。

腸の調子は開運のベースになる

肉体的なケアを心がければ、運の基礎力もつくと思ってください。**マイナスエネルギーや霊障を疑う前に、睡眠と栄養をしっかりとる。体調を崩したらきちんと静養する。風邪をひいたら葛根湯などを飲んで早く寝る。**

「得体のしれない症状が続くので、どうにかしてください」と暗い顔をして来られた患者さんの血液検査をすると、単なる貧血が原因だったということも。

その場合、気当て診断で他に問題がなければ、鉄剤を処方すると数週間で症状の改善が見られます。ですから、クリニックでは必ず採血して、栄養状態のチェック後に診断を始めます。

体の状態の中でも、腸の状態はね、ほんまに大事なんです。

健康で長生きしてはる人は、だいたい腸の状態がめちゃくちゃ良好です。開運にすぐにつながるというより、不運を改善するといえます。

でも、それだけではありません。腸が元気だとエネルギーが湧いてきて、**マイナスエネルギーに対する抵抗力がアップします。**

「腸内フローラ」という言葉を聞いたことがあると思います。

人間の腸には、お花畑のようにいろんな種類の100兆以上の腸内細菌があり、活動しているんです。

ここ数年、医学界でも研究が進んでいて、腸内フローラの状態が精神状態を左右することがわかってきてます。腸は、人間の性格にも影響する「もうひとりの自分」ともいうべき存在という説もあります。

気当てでも「腸内フローラはどないやろ」と調べますが、**腸の状態がよくなるにつれて、いろんな症状や状況が改善していきます。**

診察の上、適合した腸内細菌の薬を飲んでいただくことがあります。するとこんなことがありました。

- **低血圧で朝に起きられない、学校にも行けない学生が、気力が出てきて学校にも通えるようになった**
- **アトピー性皮膚炎や花粉症の患者さんの症状が改善した**
- **うつ傾向だった人の症状が改善した**

腸のお花畑のバランスを整えるのが、不運を防ぐポイント。ほな、お花畑の栄養分は何かというと、人間が食べたもの。ジャンクフードや糖分たっぷりのお菓子ばかり食べていると、あきませんよ。

食物繊維の多い食品や発酵食品を積極的にとりましょう。特に、納豆や味噌《みそ》、漬物、ヨーグルトや乳酸菌飲料はおすすめです。

ただし、なるべく添加物や過剰な糖分の含まれてないものを。

また、ヨーグルトやチーズなどは、質のいい乳を使っているものを選んでください。

「気」も出やすくなる血流アップ法

冷え性の患者さんが来られたら、私は必ず「血行をよくしてくださいよ」と言います。血流をよくする漢方薬を処方することもあります。

血の流れと気の流れは連動しています。だから、血行がよくなれば気の流れもよくなって、**全身のエネルギーが活性化するのです。さらに、血流と一緒に、リンパ液の流れも改善。マイナスエネルギーを寄せつけません。**

簡単にできて、しかも大きな効果がある方法を教えます。

手足の先を揉《も》んだり押したりして刺激するんです。

冷え性の人の手先にさわると、ヒヤッとしてつめたいですよね。人間の指先や足先は血流が滞りがちですが、末端を刺激すれば、そこから中心部に向かって血が返り、少ない労力で全身に血液が回りはじめます。

東洋医学では、体中に「経絡」という神経回路が張り巡らされていると考えます。経絡は、手足の先まで伸び、そこから折り返しているので、**末端を刺激するのは、全身の気の巡りをよくするためにもいいんです。**

ここでは、手先の刺激法をいくつか紹介しますが、足先も同じように、指を曲げ伸ばししたり「パー」の形に広げたりして動かしていきましょう。足裏を揉んだり、ツボ押し棒などを使って刺激したりするのもいいですよ。

気の巡りをよくする方法①

親指から小指まで、一本ずつ指を引っ張ったり揉んだりします。パーの形に開いた両手の指先（腹の部分）をつけて、グッと押し合うのも効果的です。

気の巡りをよくする方法②

手のひらをこすり合わせたり、片方の手で、もう一方の手のひらを揉んだりします。

手のひらには、各臓器につながるゾーンがあります。

手のひら全体を揉むことで、それぞれのゾーンを刺激するので、**体全体のエネルギーが上がります。朝昼晩20回ずつを習慣化するのがおすすめです。**

親指から小指まで、一本ずつ
指を引っ張ったり、揉んだりする
ぐぐっ
パーの形に開いた両手の指先（腹の部分）を
つけて、グッと押し合う
ぐぐっ
ぐぐ、
そんな、神様みたいだからっておがまんどいてやー
ゴゴゴ
は？『気の巡りをよくする方法①』をしてただけですけど？
ごめんてジョーダンやし

気の巡りをよくする方法③

指の第一関節（指先にもっとも近い関節）を曲げ伸ばしします。

実際にやっていただくとわかるのですが、第一関節だけを曲げようとしても、普通はうまくいきません。片方の手で第二関節を押さえながら、指先を動かしてみましょう。このポイントを柔軟にしておくと、指先から気が出やすくなります。

指先や手のひらを刺激していくと、手全体がポカポカとあたたかくなっていくのがわかると思います。長時間やる必要はありません。日常生活に組み込んで、習慣化していきましょう。

また、「湯船につかって血行をよくする（良質の天然塩をひとつかみほど入れるとなおよい）」「運動して汗をかく」などもやってみるといいですよ。

空間に漂う謎のエネルギー

運の基礎力や肉体だけでなく、場を整えることも大事です。

1章でもお話ししましたが、マイナスエネルギーの中に「瘴気《しょうき》」というものがあります。**「瘴気」は、私が偶然見つけたマイナスエネルギーです。日常のどこにでも、瘴気は発生します。**

でも、誰も気づいてへん（笑）。自分でも、「ほんまによう見つけたな」と思います。

発見したのは、護符の浄化装置を使っていたときでした。

私は、治療や守護用の護符も作りますが、どうしても護符自体にマイナスエネルギーが溜《た》まるんです。それで、あれこれ工夫して浄化装置を開発して使っていました。

ところが、その装置を使うと、必ず「なんや知らんエネルギー」がボワッと出てくる。そして、**それを浴びてしまうと、めちゃくちゃしんどくてたまらんのです。**

「こら、かなわん！」と、またあれやこれやと研究し、そのエネルギーを除去するスプレーを開発。その過程で、装置から出てくる謎のエネルギーを「瘴気」と名づけたわけです。

瘴気というと、妖怪や魔物のたぐいが出す怪しいエネルギーみたいなイメージがあるかもしれませんが、浄化装置から出てきたのは、それとは違います。

一言でいえば「雰囲気のエネルギー」。空間に漂う「臭い」のようなものと思ってください。

瘴気は、人やもの、魔物などの見えない存在が発していますが、**掃除していない空間からも発せられます。**

ただ、霊の憑依《ひょうい》とは違って、取り憑《つ》くわけではありません。無味無臭のエネルギーとして付近に漂っているから、**自分自身はまったく気がつかないのですが、ジワーッとダメージを受けつづける。**私は、護符に凝縮された瘴気を直接浴びたから、しんどくなって当たり前でした。

格の高い神仏や美しい芸術品が発する高貴なエネルギーなら、なんぼでも漂っていていいのですが、**手入れしていないものや汚れた場所が発する瘴気はクセモノ。日常的にエネルギーレベルを下げつづけます。**

だから、開運法をどんなに試しても、考え方を明るく変えてもパッとせず、「がんばってるんやけど、なんか運が開けんな」という人生になってしまいます。

なぜ、病院や人混みに行くと心身が疲れるのか？

瘴気は見えるわけではないから、あなたも、きっといままで気にしたこともないでしょう。**しかし瘴気は、漂っているだけでしんどくなります。**ましてや、口や鼻から吸い込むと、いつまでも倦怠感《けんたいかん》や疲労感が続きます。

たとえば、こんなふうに感じたことはありませんか？

・病院や人混みに行ったあと、どっとくたびれた
・重病の人を見舞ったら、その後、自分自身も疲れやだるさを感じた
・普段あまり掃除しないところや、日頃使っていない部屋を片づけたら、体が重くなったり、イライラしたりした

これ、じつは瘴気が悪さをしていたのです。

瘴気は、片づけや掃除が行き届いていない空間だけでなく、雑踏や繁華街などで多く発生します。外出から帰って疲労感を覚えるのは、肉体的な疲れだけでなく、瘴気の影響も大きいのです。

これから、見て見ぬ振りをしていたクローゼットや納戸、ほったらかしにしていた家財道具などを片づけるときは、気をつけてくださいよ。**溜まっていた瘴気がモワーッと舞い上がりますから。**

昔、古代エジプト王の墓が発掘調査された際に、関係者に事故や不幸なことが起きて話題になりましたね。死者の呪いやという話もありました。

でも、私の見立ては違います。**長年密閉されていた空間を開けたのやから、千数百年分の瘴気を浴びたのが原因でしょう。**

もちろん、自宅の「魔窟」（笑）を片づけたくらいで、不幸が起きるとは思えませんが、あとから紹介する対策法をしっかりおこなってください。

また、家族のひとりが重い病気になったり、うつっぽくなったりすると、本人が発する瘴気をもらってしまい、他の家族も、やる気や元気がなくなります。

こまめに掃除をして運気アップ

先日、九州からお見えになった患者さんの例です。

とにかく体がしんどくて、日常生活にも支障をきたす。東洋医学やスピリチュアルな療法を取り入れた病院も含めて、20か所ほどの病院を回ったが原因不明で、もちろん症状も改善しない。

このつらさをどうにかしたいと訪ねてこられたのでした。

げっそりやつれて、見るからにしんどそうです。

「さぞ強い魔物か、手のかかるご先祖様でも憑いてるんかな。こりゃ、手強《てごわ》いぞ」と気当てしてみると……原因は瘴気でした。

部屋の間取り図を見せてもらったところ、これはすごい。家の中はどこも瘴気だらけ（間取り図からも気当て診断で調べられます）。少し掃除をしたくらいではどうにもならないレベルです。

その上、その患者さんは、長年体調不良に悩まされていたので、体中に瘴気が染みついている状態でした。オリジナルの瘴気撃退スプレーを使ってもらったところ、数分で症状が回復。大変喜んでおられました。

もちろん、**抜本的な家の片づけと掃除をすすめたのはいうまでもありません。**

「瘴気が溜まると、ここまでやられてしまうんか」と思い知らされた例でした。

さらに、精神的、肉体的に疲れると、どんな人でも自分から瘴気が出ます。

すると自家中毒のようになり、家の中を多少きれいにしても、自分の瘴気でまた部屋が汚染されます。それで、気分がどんどんうつうつとしてきて、心身の状態がさらに悪くなるというスパイラルに。

セラピストや医療関係者など、人と接する仕事の方は、毎日、人から発せられる瘴気を受けるので気をつけてくださいね。

特に、ヒーラーや整体師など、相手の体に触れてヒーリングや治療をする人は、瘴気を受けて疲労が溜まりがち。合わせて人の意識エネルギーも受けるので、自分自身のケアを怠らないようにしてください。

でも、むやみに怖がることもないですよ。

瘴気は、チリやゴミと同じやと思ってください。

2、3日掃除をしないと、部屋の隅にうっすらとホコリが溜まって、1週間もすれば、ゴミ箱はいっぱいになりますね。**瘴気も同じで、日々溜まります。毎日こまめにクリアしないとあかんのです。**

掃除に終わりがないように、瘴気の除去にも終わりはありません。垢《あか》取りだと思って、毎日続けてください。

え、毎日なんて、そんな面倒なことはできない？

でも、歯磨きや入浴は日々やっていますよね。ほんならそれらと同じと捉えれば、習慣化できるんちゃいますか？

「瘴気がつかない人」は誰ひとりいないのに、「その存在に気づいている人」は、まだほとんどいません。いち早く瘴気について知ったのだから、日々対処していってもらえば、あなたの運気は確実に一段階上がります。

「換気」「拭き掃除」「乾布摩擦」で瘴気を追い出す

真っ先にできる瘴気対策が、部屋の空気を入れ替えること。

なぜなら、瘴気は空気に乗って移動するからです。

窓を開けたり換気扇を回したりして、こまめに換気するだけでも、空気中の瘴気はだいぶ減るはず。

風通しをよくして、部屋から瘴気を追い出しましょう。

また瘴気は、掃除機がけや掃き掃除、拭き掃除などで取り払えます。

特別な技術はいりません。いつも通り掃除してください。「自分の掃除は雑やな」と思う人は、ちょっと念入りにやってみなはれ（笑）。

でも、忙しくて掃除できへん日もありますね。

その場合は、**机の上や水まわりの小物を少しずらしてサッと拭くだけでも、瘴気が取れてエネルギーがよくなります。**私も、診療の合間にデスク上の小物や文房具をどかして、サササッと拭き、瘴気取りをしています。

特に気をつけてほしいのは、ホコリやゴミが溜まりやすい部屋の角、家具や置物の陰で吹き溜まりになっているような場所です。

掃除をすると運が上がるとよくいいますが、部屋を清浄にすることによってご神気が入ってくるだけでなく、瘴気が払われるので当然。まさに、一石二鳥ですね。

普段なかなかしていないかもしれませんが、拭き掃除はおすすめですよ。

掃除機をかけただけでは、あんまり変化は感じられないのに、拭き掃除したら、なぜか部屋全体の空気が凛《りん》とする感じがしませんか？

その違いは、瘴気がどの程度取れたかの違い。

「瘴気を取るぞ」と思いながら拭くと、さらに効果的。漫然と手を動かしたらもったいないないですよ。瘴気を浄化することを意識しながら掃除していきましょう。

次に、体にまとわりつく瘴気を取る方法です。

乾いた布で、肌をゴシゴシこする乾布摩擦でも瘴気は取れます。

朝や入浴前などに、乾いた手ぬぐいなどで体全体をこすっていきましょう。血行も促すので気の巡りもよくなりますよ。

ただし、強くこすると肌への刺激が強すぎるので、力を入れすぎないように。このときも、体の表面にまとわりついた瘴気を払うイメージで、「瘴気を取るぞ」と思いながらやるのがコツですよ。

ちなみに、気当て診断をしたところ、「銀コロイド」が入った消臭スプレーや除菌スプレーにも、瘴気を消す効果があることがわかりました。さまざまな種類

のスプレーが市販されているので試してみてください。

合わせ技で瘴気対策することで、部屋全体がプロテクトされ、瘴気を寄せつけにくい環境が整います。

「こんなんが効くんか?」と思うなかれ、身近な防御グッズ

ここからは、グッズを使って不運を防御する方法をご紹介しましょう。

私は診察で日々マイナスエネルギーを受けるので、気当てでいろいろな防御法を見つけました。

患者さんや周囲の人たちにも試してもらった結果、効果があったものを紹介します。**「こんなんが効くんか?」と思うようなグッズが、意外にいい仕事をしてくれます(笑)。**

グッズは、主に霊障対策として使っているものですが、直感で「自分に必要や」と思うものから試してみてください。

◎瘴気には赤紫、生霊にはシルバーの「メタルテープ」

霊を撃退するグッズはないかなと、量販店や文具店を探して発見したのが、パーティグッズ売り場などにあるキラキラしたテープでした。

はい、チアリーダーのポンポンやパーティの飾りに使われる、あのカシャカシャしたテープです。ホログラム加工がしてあり、ラメのように光が反射するタイプのものがおすすめ。

このテープを、窓際や壁に吊《つ》るすと、霊の侵入を防ぎます。

手首や足首などに巻くのも効果的ですよ。

瘴気には濃いピンク（赤紫）、生霊にはシルバー、死霊には緑が効果あります。だいたいオールマイティに使えるのが、シルバーです。

手軽に入手できる、安上がりなプロテクトグッズとしておすすめです。

◎霊や土地のマイナスエネルギーには「キラキラした小物」

霊は、光り輝くものや明るいものがきらい。**輝くアクセサリーやスパンコール、ビーズなどを使ったバッグや小物も、霊をガードします。**

映画や絵本の中で、王様が大きな宝石があしらわれた王冠や首飾りなどをつけてますね。王様は民衆の意識をたくさん受けるので、それをはね返すためやと思います。

光るものを身につけるのは、男性は少しハードルが高いかもしれませんね。でも最近は、ネックレスやブレスレットをしている人も増えました。

私も、気当てで探したシルバーのネックレスを身につけています。「先生、素敵ですね」と言われて喜んでいますが、じつは防御のためなんです（笑）。

霊や土地などのマイナスエネルギーは足元からやってきます。
町中や盛り場などを歩くときは、光る素材やラメ入りの素材で作られた靴、ビーズなどの飾りのついた靴を履くといいでしょう。

ちなみに、キラキラした小物は、ポーチやかばんの中に入れて持ち歩いても、効果は期待できません。身につけることがポイントです。

また窓辺に、外に向けた鏡やＣＤ盤を吊るすと、屋外から入ってくる霊を防御します。

◎つまんで尖らせればＯＫ「盛り塩」

お店や家の玄関の両脇に、よく円錐形《えんすいけい》の塩が盛られていますね。あの盛り塩は、実際に、魔除《まよ》けや厄除けの効果があります。

通常の盛り塩は、３〜５センチほどですが、瘴気よけ程度なら、適量の塩を指でつまんで、１、２センチの高さに尖《とが》らせれば大丈夫。その代わり、数日で瘴気を吸って効力をなくすので、２、３日ごとに新たな塩に取り替えてください。

基本のキ！　現実的な働きかけを忘れない

この章では、運の基礎力作りの方法や、不運を予防する方法を、体や場を整えることを中心にお話ししてきました。

これらとともに**幸運のベースとしてお伝えしたいのが、「自分の生活や態度を**

振り返る」ということです。

というのも、自分自身の情報不足や思い込みが邪魔して、不遇な状況から抜け出せなかったり、チャンスを逃したりしている人もたくさんいるのです。

たいていの場合、これは盲点になっています。ですから指摘すると、「言われてみれば……」と納得して、すぐ改善し、開運する速度がグッと増すのです。

特に、**「現実的な部分での働きかけ」ができてないと、いくらマイナスエネルギーを除去しても、変化はあまり期待できません。**

たとえば、仕事の段取りや工夫が下手だったり、やるべき努力を怠っていたり、あるいは、素人判断で見当違いの方向に努力していたり……。ご本人はがんばっていると思っても、空回りしてることがたまにあるんです。

先日、ある通販ショップを運営する男性が診療に来られました。売上がなかなか上がらないので経済的に苦しく、うつ気味とのこと。

ひと通り調べてマイナスエネルギーを調整。その後、神仏の力を借りようと、その方と相性のいい神様を気当てで探してみました。

すぐに、ある神様がサポートしてくれるとわかったのですが、こう言っているようでした。

「力を貸してもいいが、現実で変えなければいけない部分がある」

そのことを伝えたあと、ふと気になってショップのホームページを見せてもらいました。

すると、味も素っ気もない配置で、ただ商品が並んでいるだけ。

失礼かとは思いましたが、こうお伝えしました。

「これやと、誰も買いませんよ。神様にお願いする前に、まずショップのデザインを変えはらへんと」

さっそくその方はデザインを改善。その後、売上が急激にアップし、精神状態も安定したのでした。もちろん、神様の助けも大いにあったと思います。

このように商品やサービスはよくても、営業やＰＲの方法がずれているケースも、よく見受けます。ところが、ご本人は一生懸命やってはる。だからアドバイスしてもなかなかピンと来ない。そんなときは、たとえ話で気づいてもらいます。

「極端な話やけど、南極にお店を構えてみてください。誰が行きますねん。いま、それと同じくらい見当違いなことをしてはりますよ」

そうすると、ハッとした顔になって「そうですね」とうなずかれます。

具体的な方法がわからへん場合は、本や雑誌、ネット記事で情報を探し、どうすればうまくいくかを現実的に研究してみましょう。コンサルタントやアドバイザーなどプロの手を借りるのも、ひとつの手だと思います。

いくらマイナスエネルギーを祓《はら》って、先祖や神仏にお願いしたとしても、**人間として「当たり前のこと」がきちんとできていなければ、運がよくなるはずはありません。**

人に対して不誠実、自己中心的、迷惑行動や非常識な行動をする、言葉使いが悪い、うそをつく……。あなたが神様やったら、こんな人たちを成功させたいですか？

こんな態度で運を上げてもらおうとしても、先祖も神仏もそっぽを向きはります。

もちろん、人間ですから完璧にはできへんでしょう。

常に「自分なりに」でいいので、最大限努力を続ける。

これが、開運していくための、もうひとつの鉄則だと私は考えています。

コラム
はっしーの箸休め①

精霊が宿る「ワンド」と欠かせない「7つ道具」

マイナスエネルギー除去に精霊の宿るワンド

スピリチュアル相談や希望される人への診療では、精霊の入った特注の木製ワンドをよく使っています。

ワンドとは、魔法使いが魔法をかける際に使う棒状の道具。ハリー・ポッターが持っている杖《つえ》といえば、ピンと来るかもしれませんね。

ワンドを使うと、そこに宿った精霊の働きを介して、気当てやマイナスエネルギーの除去が容易になります。また、ワンドを使って見えない存在を呼び出し、働いてもらうこともできますし、ヒーリングにも使えます。

このようにワンドは、診察では欠かせない道具のひとつですが、なんでもいいというわけではありません。私のワンドは、造形アーティストの方にお願いして、**厳選した木の枝を使い、特別な手順で作っていただいています。**

その上で、マイナスエネルギーが入っていないか、気がよく通るか、特別な力（精霊や神霊）が宿っているかをチェックして選んだものです。

いまは、ネット上でお洒落《しゃれ》なデザインのワンドがそろっていますが、実際にここまで使えるワンドは滅多にありません。

ワンドを使いこなすためには、一定の技術が必要です。

どんなに性能のいいパソコンでも使い方を知らないと使えないのと同じです。

また、随時手入れも必要です。

Dr.はっしーの7つ道具大公開！

このワンドとともに、いくつかのグッズを使用しています。

マイナスエネルギーをプロテクトしたり、逆に気のエネルギーを増強したりするために使っています。日々研究し自作しているものが多いです。

では、紹介していきましょう。

❶ 瘴気を消すスプレーとオイル（プロテクト）

重症の相談者が来られると、その方が発する瘴気《しょうき》（雰囲気として漂うマイナスエネルギー）を受けてしまいます。毎日のように受けます。その瘴気エネルギーを消すスプレーとオイルです。

❷ 人からの意識を消すスプレーとオイル（プロテクト）

相談者から、いろいろな思いのエネルギーがやってきます。けっこう多いのが頼られる気持ちです。毎日のようにやってきます。そのような気持ちがエネルギーとしてやってくると心身を障害します。そうした意識を消すスプレーとオイルです。

❸ 死霊護符と死霊からの意識を防ぐヤントラ（プロテクト）

霊障を扱う関係で死霊をチェックします。チェックした死霊の憑依《ひょうい》を防ぐ護符です。死霊をチェックしたら死霊から気持ちを向けられます。そのエネルギーを受けるのを防ぐヤントラもともにつけています。

❹魔物護符と魔物からの意識を防ぐヤントラ（プロテクト）

霊障を扱う関係で魔物をチェックします。チェックした魔物の憑依を防ぐ護符です。魔物をチェックしたら魔物から気持ちを向けられます。そのエネルギーを受けるのを防ぐヤントラもともにつけています。

❺気増強指輪（気の増強）

気当てチェックや、気のセラピーをおこなうときに気エネルギーを増強するための指輪です。

❻色彩カード（エネルギーカード）

199色の色見本です。その中の、どの色が適合するかを気当てで選んでセラピーに使います。

❼バッチフラワーカード（エネルギーカード）

バッチフラワーレメディーの適合をチェックするときに用いる植物の写真カードです。その中の、どの植物が適合するかを気当てで選んでセラピーに使

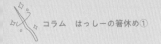

います。

じつはこの他にも、第1チャクラ強化スプレー（気の増強）やアロマ口腔《こうこう》ケアスプレー（雑菌を減らす）などいくつか組み合わせて使っています。

え？　なんで紹介しないかって？

7つにまとめたほうが、なんかいいやん？（笑）

第3章

魂が大きく輝けば、運は開ける

自分の魂を喜ばせてますか？
みんなのためを
考えるのも大事やけど、
自分のことを忘れんといてや。

魂のある場所とは?

3章では、人間の「魂」について学んでいきましょう。

学ぶといっても、むずかしいことは言わんので安心してくださいね(笑)。

魂が喜ぶことをすれば、人生が自然とうまくいくようになり、心も元気になります。 ちょっとくらい霊が寄ってきたり、ストレスが溜《た》まったりしてもまあ大丈夫です。

免疫力や体力が高い人が、ウイルスに接してもインフルエンザにかかりにくいのと同じ。もちろん、先祖や神仏のサポートも受けやすくなります。

ところで、魂がどこにあるか、知ってますか?

たいていの人は、「この辺かな?」と、胸の真ん中や心臓のあたりを手で押さえます。一応、それで「当たり」にしておきましょか（笑）。

「魂、魂……」と意識しながら気当てをすると、たいてい、胸やみぞおち付近で反応があります。

でも正確にいうと、魂があるのは、その人が「ここに魂がある」と思ったところ。丹田にあると思えば丹田にあるし、胸にあると思えば、そこに位置してるんです。

「観測者効果」という言葉を、聞いたことがありますか。

物理学の言葉で、観測者（自分）がそこにあると思ったら、そこに事象が発生することです。

魂もひとつのエネルギーですから、自分があると思うところに存在するのです。

たくさんの人を診てきてわかった「生まれ変わりの秘密」

魂は何度も生まれ変わって、別の肉体に宿ります。

肉体と魂は、「タクシー」と「乗客」のような関係。私たちの体は「魂」という乗客を乗せたタクシーで、乗客はこの世でいろいろな体験をします。

そして最後に、「ああ、おもろかった。ありがとう」と言ってタクシーを降り、天に帰るのです。

別のたとえを使うなら、**魂とは、USBチップのようなもの。**

人間が生まれる前に、神様が「魂」というＵＳＢチップをカチッと入れます。

そして、この世に送り出すのです。

人間の死後、魂は天に帰ります。神様は、戻ってきたＵＳＢチップに入っている情報を、「ほう、こんな体験をしてきたんか。よしよし」と見て喜ぶ。そしてまた、その魂は、次の人間に入って地上に送られる。

そんなしくみではないかと、私は考えています。

神道では、人間の魂は、神様からの「分け御魂《みたま》」と考えますね。

私も、魂は、宇宙の創造神から分霊したもの、つまり、一人ひとりの中に、神様の一部がエネルギーとして入っていると思ってます。

宇宙を創った創造神は、人間を通して、さまざまな体験をしているのではないか。そして人間が自由意思をもつのは、創造神がバラエティ豊かで、おもしろい体験をしたいからではないか……。

もちろん、実証はできません。しかし、患者さんを診るうちに、そんなふうに考えるようになりました。

正確にいえば、魂は2種類に分かれます。「魂《こん》」と「魄《はく》」、2つを合わせて「魂魄《こんぱく》」。これは、中国で生まれた道教に伝えられている考え方です。

私たちは、なにげなく「魂」と言ってますが、ほとんどの人は、定義がごちゃまぜです。自我や自意識の「核」を、魂と呼ぶ場合もあれば、亡くなった人の霊魂を魂と呼ぶ人もいます。

あいまいな定義の「魂魄」ですが、本書での使い方を整理してみましょう。

先ほど話したように、「魂」のほうは、人間の死後すぐ天に戻ります。魂自体に、「私」という自我の意識はありません。先ほどお話しした神様の一部です。

一方、「魄」には、自我意識があります。

人間の死後もしばらく地上にとどまり、その多くは、やがて霊界のようなところに帰りますが、なかにはずっと浮遊する魄もいます。

それが、私たちが普段、「霊」「霊魂」と呼んでいる存在です。

これが、いままでの研究や体験、気当て診断を通して得た、私なりの見解です。

ちょっと「魂」抜いてみました(笑)

ほんなら、生きているうちに魂が抜けてしまったら、どうなると思いますか?

「そんなん、死んでまうわ!」と言われますが、死んだりしませんね。ご本人は意識もあります。

ちょっとした「お遊び」で、ワークショップなどで参加者の方に出てきてもらい、**魂を抜いてみることがあるんです。**

といっても、怪しい呪術や恐ろしい人体実験をしたりするわけではありません。気当てをしているとき、ふと試しにやってみたらできたのです。

デモンストレーションのひとつとして、ときどきやっているのですが、魂を抜く体験をしたい人は多いようです。「ほな、試しに魂を抜いてみましょか?」と希望者を募ると、皆さん喜んで手を上げます（笑）。

参考までに、やり方を説明しましょう。

まず、相手と50センチほど離れて向かい合います。次に、両手を前に出して、相手の体から10センチほど外側のところに伸ばします。

それから、両手首を内側に向け、左右の人差し指を、相手の胴体に向けます。そのままの形を保ち、相手の魂をつかむイメージをしながら、そっと自分のほうに引き寄せます。すると、その人の魂を、体から前方に取り出せるのです。

その状態で、「どんな感じですか?」と尋ねると、「体が引っ張られる感じです」「なんか、うなじのあたりがムズムズします」など、いろいろな感想が出てきます。

あくまでも、魂の存在を感じるための実験なので、数秒取り出したら、すぐ元に戻します。それに、長時間取り出していると「脱魂現象」を起こして、体がしんどくなるんです。

脱魂現象とは、高いところから落ちたショックや、とても驚いた拍子に魂が抜け、意識がぼんやりしたり、だるさや眠気、微熱が出たりする現象です。

沖縄には、「マブイ（魂）」が脱魂した人の記録が残っており、ユタ（呪術師）が呪文を唱えながらマブイを拾う儀式が伝えられています。

こんな儀式が残っていることを見ても、「魂はやっぱり存在するんやな」とわかっていただけると思います。

魂の位置がずれている人

数年前、気当てで魂の位置を探していて、驚きました。

その人の魂は、体の中心からグッと横にずれていたのです。……ほんまですよ。

でも、「うそ〜」と思う気持ちもわかります。私自身、気当て診断を始めるまでは、魂がずれることがあるやなんて、想像すらしませんでした。

先ほど、魂は意識があるところに移動するとは言いましたが、基本的には、体の中心に位置しているからです。

「世の中には、おもしろい現象があるもんやなあ」と思ったのですが、その後も、魂がずれている人にときどき遭遇します。

理由は、2つあるようです。

ひとつは、魂がその人の体内に入るのを嫌がって、躊躇《ちゅうちょ》している場合。

もうひとつは、体の外側にある他のエネルギーが影響を与えている場合です。

なぜ魂が、その人の肉体に入るのをためらうのかというと、本人の体調が悪かったり、病気だったりするから。

あるいは、宇宙で生まれた魂が、人間の体に入るのを迷っている場合もあります。「地球で生きるんは嫌や」と、二の足を踏んでるのでしょうか（笑）。

あとでくわしくお話ししますが、**ときどき、地球外の星で生まれた魂をもつ人もおられます。**

そういう魂をもつ人は、現実生活になじみづらく、生きることに違和感を抱きやすい。ご本人も「生きにくい」とおっしゃることが少なくない。だから、魂も体におさまりづらいのでしょう。

外側のエネルギーに影響されている場合は、霊や魔物が関係しています。

体の横に霊や魔物がいて、その人の魂を〝オラオラッ〟と圧迫。だから、魂が反対側にグーッと押されているんです。逆に、魂を引っ張られて、ずれている場合もあります。

魂がずれていると、やはりご自身も「なんか、毎日しんどいなあ」と思うことが多いようです。しかし、致命的なダメージはありません。

また、マイナスエネルギーを取って、肉体や精神状態をクリーンにすれば、魂はまた中心に戻ります。

稲盛和夫 著

大きな夢をかなえ、たしかな人生を歩むために一番大切なのは、人間として正しい生き方をすること。二つの世界的大企業・京セラとKDDIを創業した当代随一の経営者がすべての人に贈る、渾身の人生哲学！

定価＝本体 1700 円＋税
978-4-7631-9543-2

スタンフォード式　最高の睡眠

西野精治 著

睡眠研究の世界最高峰、「スタンフォード大学」教授が伝授。疲れがウソのようにとれるすごい眠り方！

定価＝本体 1500 円＋税
978-4-7631-3601-5

…の電子書店で購読できます！

…ore, BookLive!, honto, BOOK☆WALKER, GALAPAGO…

モデルが秘密にしたがる体幹リセットダイエット

佐久間健一 著

爆発的大反響！

テレビで超話題！芸能人も－17 kg !! －11 kg !!!

「頑張らなくていい」のにいつの間にかやせ体質に変わるすごいダイエット。

定価＝本体 1000 円＋税
978-4-7631-3621-3

かみさまは小学５年生

すみれ 著

涙がこぼれる不思議な実話。

空の上の記憶を持ったまま10歳になった女の子が、生まれる前から知っていた「ほんとうの幸せ」について。

定価＝本体 1200 円＋税
978-4-7631-3682-4

見るだけで勝手に記憶力がよくなるドリル

池田義博 著

テレビで超話題！１日２問で脳が活性化！

「名前が覚えられない」「最近忘れっぽい」

「買い忘れが増えた」

こんな悩みをまるごと解消！

定価＝本体 1300 円＋税
978-4-7631-3762-3

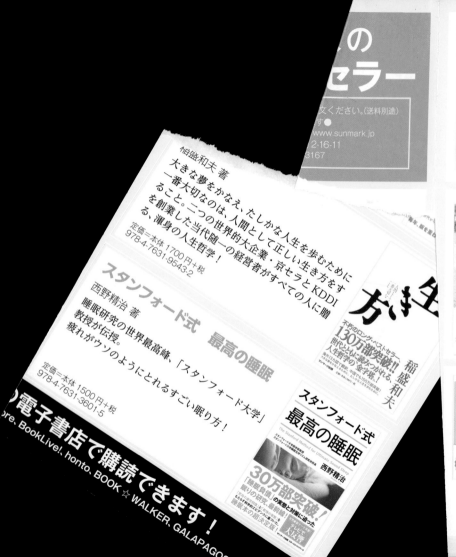

魂が小さくなってしまう人は「がまん」しすぎている

気当てでは、魂の大きさもわかります。

以前、ある人の魂を気当てで探したのですが、まったく反応がありません。魂のない人なんて、この世にいるはずないのですが……。

「あれ、魂がないで。どこかで魂を落としてきたんかいな?」と言いながら、もう一度、念入りに気当て。

ようやく見つかりました。梅干し大くらいに縮んだ魂が……。

これでは、簡単に見つかるはずがありません。

「いままで、何かつらいことでも、あらはったんですか?」と尋ねてみると、

「私、親から虐待を受けていたんです」とのことでした。

家族間の問題や人間関係、仕事、お金の面などで、しんどいことがぎょうさんあると、魂はシューッと縮んでしまいます。この方のように虐待を受けて育った魂は、特に小さいです。

魂が小さい人に聞いてみると、たいてい、いつも何かをがまんしていたり、喜びや楽しみが少ない生活をしていたりします。

また、ワクワクして生きていない人や、規則に縛られた生活をしている人も、魂が小さい傾向があります。「いい子（人）でいなければ」と思ったり、人を優先して自分を抑えつけたりしている人も同じです。

結局、魂の大きさは何によって決まるのか。

一言でいうなら、ストレスの有無です。

ストレスがなく、**自分を慈しみ、大切にしていれば、魂はどんどん大きくなります。**逆にストレスが多く、自分の本心に背いていると、魂は縮む一方です。

以前、聖職者として熱心に活動している知人の魂を見てみました。

そういう人の魂はさぞ大きいかと思って見てみると……なんと、とても小さかったのでびっくり。

おせっかいやと思ったけど、ついアドバイスしてしまいました。

「あんた、魂がめちゃ小さくなってるで。もっと自分を大事にして、魂を大きくせなあかんよ」

知人も思うところがあったのか、「確かに、そうやなあ」と納得してくれました。

他人から見て、その人がどんなキャラクターか。あるいは、どんな活動や行動をしているか。そのことと、魂の大きさは関連性がありません。

外見はエネルギッシュで社会にも貢献し、人からも慕われているのに、魂が小さい人もいます。

一見すると、「そんな人の魂は大きいんちゃう?」と思うかもしれません。

でも、違います。他人や社会のために奉仕している人や、使命に邁進《まいしん》して「あの人はすごい」と言われる人は、**対外的には影響力があっても、自分の感情や欲**

望を後回しにして、押し殺しているのでストレスも大きい。魂も、のびのびできないのです。

世間では、使命を生きることが大切といわれます。

でも使命ばかりで、自分を大切にせんと魂にとってはしんどい。

だから私は、「義務感や使命感が強すぎるのは考えものやなあ」と、思うようになりました。

他人のためにがんばっている人には、**「みんなのためを考えるのも大事やけど、自分のことを忘れんといてや」**と言いたいです。

魂が大きい人は「自分らしい生き方」をしている

ビッグサイズの魂をもつのはどんな人かというと、喜びにあふれ、充実した人生を送っている人です。**時には、魂がビーチボール大になっていて、体からはみ出している人もいらっしゃいます。**

たとえば、私の知り合いの中でも群を抜いて大きな魂をもっているのはある60代の男性。彼の趣味は、登山。教師を定年退職したあとは、感動を分かち合いたいと、講師を招いて私塾を開いています。

この方の例からもわかるように、魂をイキイキさせるには、**がまんをせず、自分らしい生き方をしてワクワクした毎日を過ごすことです。**

だから、時には「悪い子」になっても、いいんやないですかね。それで、自分をもう一度取り戻せれば、魂も大きくなるし、何より楽しいです。

たとえば、仕事がしんどかったら思い切って辞めるか、異動願いを出すのも、ひとつの方法と思います。

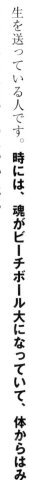

理不尽な上司がいる職場や瘴気《しょうき》が溜まった職場で、自分ひとりがどんなにがんばっても、限界がありますよ。

苦労の割には喜びは少なく、徒労感を覚えるでしょう。また心の底から、「ああ、なんかワクワクするなあ」という感覚ももてません。

魂が小さくなってる人に、このようにアドバイスすると、「いや先生、仕事を辞めたら暮らしていけません」とおっしゃいますが、**道は必ずあります。**自分の魂を大切にするために、新しい道を探ってみましょう。

古神道の秘伝「魂振り法」であなたの魂がイキイキする

とはいえ、「先生は簡単に言うけど、それ、けっこう大変やわ」と言われそうなので、魂を喜ばせるために、すぐできることをお教えしましょう。

まずは、笑うこと。そして、自然の中に行くことです。

それだけで、**魂はパッと大きくなります。**

森や山まで行ければベストですが、むずかしい場合は、近くの公園でリラックスするだけでも大丈夫。

この他に、魂を喜ばせる身近な方法を2つご紹介しましょう。

ひとつめは、「ハグ」です。

最近では、日本人同士でもハグする人が増えてきましたね。**家族や好きな人とハグすると、魂が一瞬で大きくなります。**心許せる相手とのスキンシップで、安心感や幸福感が増すからでしょう。

ただしハグさえすれば、いつでも魂が大きくなるわけやありません。

ハグしている写真を気当てで調べたところ、いろいろなことがわかりました。まず、ハグする相手と心が通い合っていなければ、魂は喜びません。言うまでもありませんが、ハグする相手はちゃんと選びましょう（笑）。

また、背中から相手にハグしてもらう「バックハグ」では、魂は小さくなってしまいます。**お互いに向き合ってハグするのがいいようです。**

さらに、上の空で形だけのハグも逆効果。魂は縮みます。魂の栄養になるのは、心許せる相手と親愛の情を込めたハグということでしょう。

魂が喜ぶもうひとつの方法が、「魂振《たまふ》り」。

魂振りは、古神道に伝わる儀式のひとつで、魂を活性化します。

これをヒントに、簡単な動作を考えました。

胸に魂のボールがあることをイメージし、その魂ボールを少しはずませるようにして、体を左右に振ります。

それが、本当に魂をポンポンと振ることになり、魂の喜びは大きくなります。

抱っこしたあかちゃんをあやすと、キャッキャッと言って喜ぶようなさまです。

ちょっとやってみてください。**リズムをつけて体を左右にはずませ揺らしましょう。**どうですか？　楽しくなってきませんか？

こうすると、魂が活性化します。イライラしていた気分が安定。もし気分が落ち込んでいたら、元気が出てきます。

魂振りは、とにかく楽しんでやってください。気分転換の遊びのつもりでやるのがコツですよ。

気の講座などでもエクササイズのひとつとしてやるのですが、**左右に動かして**

はっしー流・魂がイキイキする「魂振り法」

いると、参加者の方の魂がすぐに大きくなるのがわかります。

日本各地に伝わっている盆踊りでも、体や手を揺らしますね。先祖たちは、こうすると魂が大きくなると感じていたのかもしれんなあと思います。阿波《あわ》おどりなどを始めとする盆踊りのルーツは魂振りではないですかね。勝手にそんな想像をしています。

その生きづらさ、地球に初めて生まれた魂かも？

気当て診断では、その人の魂がどこで生まれたかも、チェックします。

先ほど話したように、魂は「地球生まれ」と「地球外生まれ」の2種類。

地球生まれの魂をもつ人は、この星で生きることに慣れているので、あまり問題ありません。

でも、**地球外で生まれて別の星で転生を重ねてきた魂は、地球上での経験がないため、常識がわからず苦労します。**世間の価値観にもなじめません。

また、人の気持ちを思いやるのが苦手で、周囲から浮いてしまいます。家族とも理解し合えず、時には、適応障害を起こす場合も。

私たちも海外に行って、現地の文化や習慣がわからんと戸惑いますよね。それと似ています。

地球になじめない方は、ほんまに気の毒ですよ。なんかわからんけど、生きることに違和感があるのですから。「地球不適応症候群」と名づけてもいいかもと思うほどです。

そんな患者さんが「私の言動は、どこかおかしいのでしょうか」と悩むので、一般常識をその方に説明すると、「そんなこと、親は教えてくれなかった」と、よく言います。

特に、**不適応を起こしやすいのが、地球に初めて来た魂をもつ人です。**そんな方たちは、普通の人がやることが理解不能。人から「そんなこと当たり前や」と言われても、本人は、なぜ当たり前なのかわかりません。

ある日の待合室での例をご紹介しましょう。

広汎性発達障害のある女子生徒が、診察を待っているときのこと。別の患者さんが「熱が出てしんどいから、診てほしい」と来院しました。

受付スタッフは、緊急度の高いその方を優先しようと、順番を待っているその女子生徒に断りを入れました。

すると、彼女は「私も病人でつらいのに、なぜその人が先なのですか?」と、けげんな顔で聞いてきたのだそうです。

彼女の言い分は、わからんでもありません。でも一般的には、空気の読めない「KY」であり、「思いやりのない人」。孤立し、生きづらくなります。

でも彼らには、そんな感情の機微や世間の常識は、理解不能です。だから、「なんか生きづらいわ」と感じつつ過ごしています。

もしあなたのまわりに、彼女のような人がいたら、「地球での経験が浅いんやな」と広い心で見ると、イライラせずに済むでしょう。

逆に、これまで違和感の中で生きてきた人は、「自分は地球に慣れてへんのや」と状況を認識しましょう。そうすれば、多少なりとも心が楽になるでしょう。

自分の能力を生かす場所が必ずある

地球での経験の浅い人はどうすればいいかというと、**地球のルールを新しく学べばいいと思います。**

理屈はわからなくてもいい。ルールを覚え込んで、それに従うことはできるはずです。**「これは、この星で生きるための技術だ」**と思えば、あれこれ悩まずに済むはずです。

でも、そんな人たちの中には、並外れた才能や高い知性をもつ人が多くいます。その能力を生かす場所さえ見つかれば、地球上でうまくやっていけます。

あるとき、発達障害をもつ男子高校生と親御さんが進路相談に来られました。気当てで見ると、地球に初めてやってきた魂でした。

美大志望だったので、教授との相性を気当て診断。すると、**魂のつながりのある教授のいる大学がわかりました。** ちなみに、「魂の縁」を重視することは、じつはとても重要です。これはのちほどお話ししますね。

彼はそこを受験し、見事合格。入学後は、その教授にとてもかわいがられ、陶芸の道で頭角を現して、いまは陶芸家として成功しています。

地球外生まれの魂について話すと、「私は、○○星生まれですか？」と質問されることがあるんです。**でも、この地球で生きていく上では、生まれた星は、あまり関係ないと私は思います。**

気当てで見れば、宇宙で華々しい活躍をしてきた魂もいます。でも、ごくまれです。また、その過去がいまの人生に直接関係することは、ほとんどありません。

もし生きる上での違和感があるのなら、それは魂の生まれた場所が関係してる

こともある。だから、むやみに自分を責めるのは、やめたほうがいい。

それだけ知っておいてもらえたら、「楽になるんやないか」ということです。

その場合、残念ながら、違和感を完全になくすことはできません。

でも、それを「仕方あらへんな」と受け入れ、自分自身を生かす場所を見つければ、必ずいい方向に進みます。だから、自暴自棄になる必要はないんです。

過去世で縁のある人とつながればうまくいく

「初対面なのに、初めて会った気がしない」と感じたことがありませんか？

そんな相手とは、たいてい過去世で何度も会ってますよ。

魂はそのことを覚えているので、この人生では初めて会うのに、懐かしい感じがするんです。再会回数が多ければ多いほど、懐かしさや親近感が強くなり、「おや、また会いましたね。同窓会ですね」なんて感じで、スッと仲良くなれます。

逆に、過去世で縁がなかった人は、何度会っても疎遠な感じやよそよそしさが消えません。

万が一、相手と過去世でいがみ合ったり争ったりしていたら、懐かしいどころか、「この人、なんか嫌やな」「癇《かん》に障るな」と思います。そういう人とは、一定の距離を置いたほうが賢明でしょう。

魂の縁を生かせば、いい人間関係を築けます。今世でも一緒に仕事をしたり、人生のパートナーになったりすることもあります。

しかし、魂の縁がない相手と何かしようとすると、いちから関係を築いていかないといけませんね。ましてや、敵同士だった相手と組まなあかんかったら、もう大変。

逆にいえば、もしあなたが、何かのプロジェクトをやりたいとか、仕事を成功させたいと考えているなら、次の視点でビジネスパートナーや協力者を選ぶと、うまくいきやすいでしょう。

魂の縁があるパートナーの選び方

- 会っていると、どこか懐かしい感じがする
- 話していて、感覚がしっくり合う
- 相手の雰囲気になじみやすい。安心感や親しみを覚える

働きやすい環境を作る「魂採用」

いま、私のクリニックで働いているスタッフは、みな過去世での縁がある人たちです。

なぜ、そんなうまい具合にそろっているかって？　もちろん、縁があるかどう

かを、私が気当てで調べて選んだからです（笑）。

以前は、その人の能力や条件だけで採用を決めていましたが、なぜか長続きしませんでした。

「こら、あかんな」と思って、魂の縁がある人を採用してみようと思い立ったんです。

履歴書の写真を気当てチェックし、まず、過去世で縁がある人を選んで面接。

次に、能力や人柄を見て、総合的に判断するように。

その採用方法に変えてからは、家の事情などで仕方ない場合以外、誰も辞めません。私もやりやすいし、みんなクリニックになじんで、楽しそうに働いてくれてます。

スタッフの中には、先代の院長時代から40年以上働いてくれてる方もいます。

先代の院長は、私の義父です。そのスタッフは、義父と魂の縁があったので長く勤めてくれたのでしょう。

当然ながら、私も義父と魂の縁があるので、その方と私も、縁がある。だから長年勤めてもらえて、ありがたいことです。

魂の縁を考慮して採用すると、雇用者も働く側も満足度が高い。

このことがわかった私は、知り合いから依頼されてビジネスパートナー選びや採用の相談に乗るようになりました。また、適職相談も始めました。

いままで大勢の方に喜んでもらったのですが、一度だけ、失敗したことがあります。

相談に来たCさんは、ある仕事に向いていることがわかりました。ちょうど、知り合いの事務所のオーナーが、その仕事ができる人を探していたので、魂の相性診断をしたらベストマッチ。さっそく紹介したところ、本人たちも意気投合し、一発採用で無事転職できました。

ところがその事務所には、オーナーとは別に、社長と10名ほどのスタッフが勤務していたのです。**意気揚々と仕事を始めたCさんは、スタッフのひとりからいじめられ、結局辞めてしまいました。**

退職後、この社員とCさんの相性が悪かったとわかったのですが、後の祭り。

「社長以外も検討するとか、多角的に診断せなあかんかったな」と反省し、私自身も大きな学びになりました。

過去世でやっていたことは、才能を発揮しやすい

ところで、あなたには、人よりも得意なことや、「なぜかわからんけど好き」と言えることがありますか？

それは、過去世で何度もやっていた可能性がありますよ。

たとえば、小さい頃からスポーツや芸術分野などに秀でていて、天才少年、天才少女と呼ばれるような子どもたちは、過去世で何度もそれをやってきているのです。

また、昔から気がつけばやっていることや、関心があったことも、過去世に理由があります。言い換えれば、**魂が過去に繰り返しやってきたことが、その人の**

才能や興味となって現れます。

もし才能を発揮したいなら、次のような分野に取り組んでみましょう。

- **さほど努力しなくても得意なこと**
- **人から「うまいね」とほめられること**
- **子ども時代から好きなことや興味をもってきたこと**

このように言うと、「私には、好きなことも得意なことも思い浮かびません」としょんぼりされる方がときどきいます。

落ち込まなくても大丈夫。それは、単に思い出せないだけです。

もちろん、さまざまな要因があるので、実際にその仕事で才能が発揮できるかどうかは、これだけでは断言できません。

しかし少なくとも、**過去世で何度もやっている仕事を選べば、過去世からの才能をベースにして働けます。**ですから、他の仕事よりも楽に、能力を発揮することができます。

過去世でやってきたことをやれば、少ない努力で結果を出して人に喜んでもらえるし、自分も楽しいですよね。

適職相談では、その人が過去世でやってきたことを気当てで探しますが、気当てで調べるまでもありません。

魂は、過去世でやっていたことを覚えています。

もしピンと来ることがないなら、思いつくことをすべて紙に書き出してみましょう。

小さなことも含めて、思い出したものをなんでも書いていきます。そして、書き終わったら、全部見返してみます。すると、その中から、「もしかしたらこれかも」と思えるものが見つかるでしょう。

それでも「わからんなあ」という人は、**特別なことでないと才能とは呼べないと、勘違いしてるのかも。**

世の中には、人と仲良くなるのが得意な人もいれば、細かな作業や家事がきちんとできる人もいます。また、植物を育てるのが上手だったり、料理や手芸が得意だったりする人も。

どんなことでも人に喜んでもらえるなら、立派な才能です。

マイナスエネルギーに邪魔されて、なかなか思い出せない人もいます。「元気が出えへんな」「なんかしんどいな」と思う人は、1章を参考にしながら、**溜まったマイナスエネルギーをクリアにしていってください。**

そうすれば、本当の自分を思い出し、本来好きなことや得意なことに気づけます。また、インスピレーションも磨かれ、判断力も戻ってきます。

ただし、「自分の才能を発揮しなければ」「使命を見つけなければ」と深刻に考えると、魂が小さくなってしまうんです。

だから、「見つかったらいいなあ」くらいの気持ちで、気楽に考えるのがいいようです。

魂が喜んであふれ出す「第三の涙」を流したことがありますか？

意外かもしれませんが、「私」が喜ぶことと「魂」が喜ぶことは、ちょっと違うんですよ。

基本的には、「私」が喜ぶときは、たいてい「魂」も喜びます。

しかし、人間の生理的欲求を満たしても、魂が喜ぶとは限りません。

たとえば、おいしい料理を食べて自分はうれしくても、魂が同じように喜ぶわけではないのです。

魂が喜ぶこんなケースもあります。

「第三の涙」という言葉がありますが、聞いたことがありますか？

悲しさや悔しさで流すのが、「第一の涙」。

うれしくて泣くのが、「第二の涙」。

そして、**自分では理由がわからんけど、魂が喜んであふれ出す涙が「第三の涙」です。**

たとえば、こんな経験があなたにもあるのではないですか。

自然や芸術、神仏などの崇高なエネルギーに触れて感動したとき、ある言葉や場面に出会って心が揺さぶられたとき、**何に感動しているのかうまく言えないけど、わけもなく涙がバーッと出てきた……。**それが、「第三の涙」です。

そんなとき、「ああ、大自然に感動したんやな」「すばらしい音楽に感動したんや」と、私たちは思います。

でもそれは、人間の頭で考えた「後づけ」の理屈。

第三の涙が出るときは、単純に、魂が震えて喜んでるのです。

こんな体験を重ねると、人生が豊かになっていきますね。

私が「第三の涙」を流したときのことをお話ししましょう。

あるとき、仏像の写真集を見ながら、「私の魂が喜ぶ仏像」を気当てで探してみました。その結果、興福寺の東金堂に安置されている維摩居士《ゆいまこじ》像だとわかりました。でも、その写真を見ても、「へえ、そうなんや〜」と思う程度。特別な感慨が湧くわけでもありません。

その後、興福寺までその仏像を参拝しに行ったんです。

そこでも、「ほお、この仏様か」というくらいで、表面的な意識は普通と変わりませんでした。いや、正直なところ「よくわからんなあ」と思いました（笑）。

しかし、頭ではそう思っとるのに、なぜか目からは「第三の涙」があふれてきたのです。**同時に、魂がブワーッと大きくなり、ものすごく喜んでいるのがわかりました。**

「ほんまに第三の涙ってあるんやなあ」と感心した体験でした。

コラム
はっしーの箸休め②

石から生まれた龍神の好物は……

数年前、和歌山県熊野で、アーティストが作った卵形の石のオブジェを見ました。

同じような石のアートがいろいろある中で、気当てしてみると**ある石のところで「龍神」の反応が。**興味をもち買いもとめました。

家に帰り、どこに置いてほしいか気当てで尋ねてみると、「戸棚の中は嫌だ。目立つ場所に置いてほしい」とのこと。

なかなかおもしろいやつです。この子は**人間でいえば6歳から10歳くらいの子どもの龍神さんでした。**これからいろいろなことを学んでいくようです。

試しに気を入れたら、パワーが強くなったように感じました。仲良くなれそうです。

数日後、**卵からヒナがかえるように、石から2メートルくらい前に向かって、**

龍神のエネルギーが伸びていました。

「大きくなっていくんかな。楽しみやな」と思っていると、2、3日後、今度はなんだか小さくなっています。

「ほったらかしはいかんな。愛情か、お供えがいるのかな？」と考え、ある人に聞いてみたら、水を供えてはどうかとのこと。

さっそく龍神に尋ねてみたところ、欲しいとは言いません。

気当てでいろいろ探ってみると、**なんと、ブランデーのレミーマルタンVSOPがいいとのこと。**

「子どもは酒を飲んだらあかんねんで」と思いましたが、龍神にとっては子どもといえども、じつは300歳くらい。

それに、龍神を取り締まる法律はありません（笑）。

「おもろいこと言うやつやな、よっしゃ、ええで」と、ほんのちょっとだけお供えすると、**お供えが効いたようで、すぐ5メートルほどに育ちました。**酔っ払ってもいないようです。

補足すると、このブランデーには、気が弱っているとき、強くする働きがあ

ります。ほんの10ｃｃ程度で十分効果があります。また、邪気でやられて気が虚になったときも、少し飲むとよいのです。

その後、龍神は、お酒が切れるとちょっと小さくなりましたが、注ぐとまた大きくなり、結局２００メートルにまで育ちました。

あるとき、自分自身についたマイナスエネルギーを取ろうとして、ふと龍神が食べてくれるかなと思い立ちました。ものは試しと頼んでみると、むしゃむしゃ食べてくれます。

邪気を食べはじめてからまた大きくなり、２８０メートルにまでなりました。

最終的に、なんと1キロメートル以上の大きさになり、どこかに飛んでいってしまいました。たまに戻ってきますが、外で活躍しているようです。

第4章

先祖と神様・仏様から上手にご加護をいただく

意識を向けて感謝すれば、
先祖や神仏と仲良うなれます。
でも、これは見えない存在にだけやない。
家族、友人、仕事仲間にも
同じようにできる人は、やはり運がよくなるわ。

運をよくしたいなら先祖のパワーを強めなさい

たとえば、龍や神仏、天使など、どんな存在が守ってくれているかは、人によって違います。

でも、どんな人でも必ず守ってくれている存在がいます。

それが、先祖です。

もし、先祖が守ってくれなければ、人間なんて、「雨の中を傘も差さんと行くようなもん」です。そんな状態では雨をよけてくれるものが何ひとつなくて、ずぶ濡《ぬ》れにならなければいけません。

私たちと先祖は、「霊線」と呼ばれるエネルギーのコードのようなものでつながっています。1章でお話ししたように、10代さかのぼれば1000人以上もの先祖がいます。

ただ、ちょっと気をつけてください。

先祖の個性やパワーは、家系によってまちまちです。

学校や職場でいじめられている人や、事故や人間関係のトラブルにあいやすい人を診ると、先祖のパワーが弱い場合が多い。先祖が弱いと、その一族全体の人生がうまくいかないことに……。

あなたのまわりにも「あそこの家は、なんか知らんけど不幸が続くなあ」「あの一族は、事故や病気が多いな」という家がありませんか。

逆に、強い先祖に守られていれば、その家は繁栄します。子孫は、災難から守られ、運のいい人生を送れるのです。

先祖に守ってもらうというのは、ほんまに大事やね。先祖が苦しんでたら、その意識がいっぱい来るので、当然運は落ちてしまいます。**運をよくしたいと思ったら、先祖のパワーを強めなあかん！　のです。**

「うちはパッとせんから、ご先祖さんが弱いんかもな」とあきらめるのは、まだ早いですよ。**生きている人間の心がけ次第で、守護の力を強めることができるのです。**

そのために、いちばん大事なのは、**先祖に意識を向けることです。**

まず「自分ひとりで生きているんやない」と、しっかり自覚しましょう。先祖がいたからこそ、私たちはこの世に生を受けることができたわけです。

そのことに感謝し、**「いつも守っていただき、ありがとうございます」とお礼の気持ちを届けてください。**

感謝の意識エネルギーを送る

いつも感じるんですが、**先祖に感謝の気持ちを伝えている人と、そうでない人は、守られ方が全然違います。**

先祖の霊は意識体なので、子孫が感謝の気持ちという意識エネルギーを送れば、それに呼応して強くなる。そして、**強くなった先祖のパワーで守られることで、自分自身のパワーもまたアップする。**

このサイクルが、運をどんどんよくしていきます。

私もいろいろな場面で、ご先祖様に守っていただいとるなあと感じます。

以前、そのことにふと気づいて、しみじみありがたいなあと思いました。

というのも、採用相談に乗っていると、なかなか魂の縁がある応募者が来なかったり、縁はあっても能力や人柄が希望に合わなかったりして、求人がうまくいかない場合もよくあるんです。

しかし、私のクリニックが求人を出すと、必ずベストな人が応募してくれます。

「ほんまに、いつもご先祖様に力をもろうとるわ」と感じ、改めて感謝しました。

お墓参りとお供えの極意

感謝を伝えるには、お墓参りに行くのがベストです。

しかし仕事もあるし、家の事情もある……。先祖は、子孫の事情をわかってくれますから大丈夫ですよ。

実際に行けない場合は、お墓の写真を撮っておいて、その写真に手を合わせるだけでもＯＫ。といっても、たまにはお墓参りしたら、そらもう喜ばれます。

お墓や仏壇に、故人の好きだった食べ物や、お酒やタバコなどの嗜好品《しこうひん》をお供えするのも、先祖に感謝を伝え、喜んでいただくには最適です。

ちょっと高度なテクニックになりますが、実物をお供えできないときは、イメージが使えますよ。**頭の中で、その食べ物や嗜好品を思い浮かべ、仏前に置く**

イメージをするだけで大丈夫。ちゃんと届きます。結局、先祖は「気」を取り入れているだけなので、イメージだったとしても、お供えとして十分機能するのです。お金もかからへんし（笑）、おすすめです。

もちろん、たまに実物をお供えすれば、もっと喜んでもらえます。

ちなみに、食べ物や飲み物のお供えは、先祖に限らず神仏も大歓迎。昔から、供物として農畜産物や海産物、お酒などを奉納するのは、ちゃんと理由あってのことなのです。

ここでまた注意事項です。なにしろ先祖は大勢いますから、なかには口うるさい先祖もいます。人間と同じですわ（笑）。ないがしろにしていると、「ちゃんと供養してえや」と、苦情のエネルギーが飛んでくることも……。

知り合いのドクターからこんな話を聞きました。

原因不明の体調不良を抱えた人が、墓石にヒビが入っていたので修繕したところ、その体調不良はピタリと治ったそうです。

先祖によって考え方や気性は、ほんまに千差万別です。「この世を去っても、それぞれに個性があるもんやな」と感じます。

やはり感謝は大事です。いつも感謝を向けて供養していれば、先祖の霊格も高くなり守護力が強まります。

ちなみに、感謝を送るべき相手は、見えない存在だけではありませんよ。**もちろん、先祖や神仏も大事やけど、家族や友人知人、職場の人たち、そんなまわりにいる人たちの「おかげさま」で私たちは暮らしていけるわけです。**

その人たちに感謝すれば、向こうからも感謝が返ってきて、いい関係ができますよね。

そして、**感謝すると、感謝を送った相手がパワーアップするだけでなく、自分自身も元気になります。**

隣人トラブルに力を貸してくれた神様

「神も仏もない」とよくいいますが、私はそう思うてません。神様も仏様もちゃんと存在してます。**「ものすごい力で、人間を守ってくれてはるなあ」と、いつも感心しています。**

最初にそう実感したのは、Dさん（男性）の隣人トラブルのときでした。

Dさんは気当て診断で、抜群にエネルギーのいい部屋を見つけて引っ越しました。住み心地はバッチリ。環境も最高やったそうです。

ところが、隣室が問題でした。コワモテの隣人が住んでいて、夜中に壁を蹴ったり、言いがかりをつけて怒鳴り込んだりしてきたのだそうです。あるときは、「ガン！」という音が突然して、驚いた拍子に転んで捻挫する始末。

悩んだDさんが管理会社に相談すると、隣人は10年来の住人で、いつもトラブルを起こしてきたとのこと。しかし、話し合いには一切応じず、これまでその部屋に住んだ人は、ずっと泣き寝入りだったそうです。

その部屋自体はDさんにぴったりでしたが、隣近所のことまでチェックしなかったのは、私のミスです。「悪いことをしてしもうたね」と謝ると、Dさんは「いえ、先生の経験になってよかったです」とあっけらかんとしています。

そして「このお寺にお願いに行こうと思うのですが、どうでしょう」と聞くので、気当てしたところ、相性はバッチリ。**そのお寺の毘沙門天《びしゃもんてん》が力を貸してくれることがわかりました。**

Dさんが、祈願しに行った当日のことです。管理会社から連絡が入り、なんと、Dさんと隣人、管理会社の三者会談の日取りが決まりました。

1週間後におこなわれた話し合いでは、はじめは「何もしてへんで」とシラを切っていた隣人も態度を改め、**数日後には、「兄ちゃん、すまなんだ」と謝罪して、引っ越していったそうです。**

危害を加えたお隣さんは、10年間も話し合いに応じず逃げ回っていたのですよ。

それなのに、毘沙門天にお願いした当日に事態がパッと動いた。

これは、人間業でできることではありません。私もDさんも仰天し、神のご加護を感じた一件でした。

神様と仏様には、それぞれ得意分野がある

よく「ご神仏」といいますが、正確にいうなら、「神様」と「仏様」ですね。

その違いが、正確にいえますか？

神社にいらっしゃるのが神様。お寺に祀《まつ》られているのが仏様です。

それは、わかりますね。もう少し細かくいうと、日本は、明治時代までは長らく神仏習合の習慣がありました。それでいまも七福神のように、神社にもお寺にも祀られている神仏もいらっしゃいます。

神仏習合とは、神社とお寺がはっきりと分けられておらず、両方の神様を混在して祀っていた風習です。

また、神様は日本の土地に根づいていますが、仏様の起源は、仏教の生まれたインドの神々が多いです。

でも、私たち日本人が「神様」というときには、**「自分を守り導いてくれる存在」として、神様も仏様も合わせて捉えている**ように思います。また、それでいいんではないかなと思います。

では、神仏が具体的にどのような働きをしてくれてはるか、見てみましょう。

神様は、縁結びや人間関係の調整など、人との関わりに関する願い事が得意です。

人同士はもちろんのこと、不動産や会社、活躍のチャンスなどとの縁を結んでくれます。

先ほどお話ししたDさんの例など、まさにそれです。

「この人との間柄が、どないかならんかな」「あの人とご縁ができたらうれしいな」と思うときは、神様が仲を取りもってくれます（ただし、自分勝手な願いをすると、「何言うてんねん」と叱られますから、気をつけましょう）。

一方、**仏様は、過去世の因縁（カルマ）の解消や、心身の不調を治すヒーリングの際に力を貸してくれます。**マイナス感情を減らしたり、心の傷を癒したりするのは、お手の物です。

「なんか、人生がうまいことといかんな」というときに、手を差し伸べてくれるのが仏様です。

私自身の経験や診療例から見ると、皆さん大好きな金運アップはどちらかといえば、神様の得意分野です。

運を上げるのに大事な「縁切り」はどこにお参りするか？

縁切りは、運を上げるには、めちゃ肝心なんですよ。

人間でも霊でも、悪縁がついていたら、運はいつまでたっても低空飛行です。特に、人間が「こりゃ、無理やわ」と尻込みしてしまうような強力な悪縁は、神仏のご加護が必要です。

1章で紹介したAさんを覚えているでしょうか。気がつくと悪態をついてしまい、結婚も就職も、ずっとうまくいかなかった方です。

じつは、Aさんには、過去世からの因縁で怨霊が憑《つ》いていたのです。気当てで見てみると、なんとその数6人！　Aさんは過去世で人を殺して財産を奪ったり、強盗をしたりしたことがあり、恨まれていました。

今世で悪いことをして恨まれるならまだしも、過去世の行いが仇《あだ》となり、悪さをされたらたまったものではありませんね。

ちなみに、「Aさんの魂は、ひどいやっちゃ」と思うのは、勘違いですよ。

過去世は、ものすごくたくさんあります。その中では、誰でも多かれ少なかれ「悪事」をやっているものです。それに人間、そんな聖人君子ではあらしません。

ともあれ、怨霊はかなりやっかいです。

見入った相手の人生をめちゃめちゃにしてしまいます。怨霊は恨みをもっているので、迷惑をかけてしまった行いをまず謝らなければなりません。

しかし怨霊は執念深いので、**人間だけで謝罪しても効果は期待薄。そこで神仏の出番です。**気当てチェックすると、Aさんの家の近くに助けてくれるお地蔵様がおられると判明。

対処法は、次のようなものでした。

お地蔵様の真言「オン カカカ ビサンマエイ ソワカ」を1万回唱えて、紙にお地蔵様の判を押し、川へ1枚ずつ流す。

「えー、そんなこと、せなあかんの⁉」と言われそうですが、**怨霊や魔物をやっつけるには、かなりの覚悟とエネルギーが必要なことは覚えていてください。**

Aさんは3か月ほどかけて、見事にやりとげました。その結果、長年Aさんを苦しめた怨霊は成仏し、めでたくよいご縁に恵まれたのでした。

晴れやかな花嫁姿の写真を見たとき、初めて相談されたときの暗い顔を思い出して、「ほんまによかったなあ」と、うれしさがこみ上げてきました。

神仏のパワーを目の当たりにした出来事でした。

それで、ますます研究に熱が入ったわけです。

神仏と人間は「もちつもたれつ」の関係

神仏の研究を続けるうちに、私はある核心をつかみました。

それは、人間の感謝の気持ちが神仏の糧になり、パワーの源になるということです。これは、自分で言うのもなんですが大発見。

「めちゃすごい発見をしたわ」と喜んでいたら、ある文献でこんな言葉に出会いました。鎌倉幕府が制定した「御成敗式目」の第一条の一部です。

「神は人の敬によりて威を増し、人は神の徳によりて運を添ふ」

意味は、「神様は人間が敬うから威光が増し、人は神の福徳によって運まわりをよくする」ということです。

つまり、**人がパワーを送ると神仏がパワーアップし、そのエネルギーを、今度は人間が運や徳としていただくのです。**

鎌倉時代に、神仏のパワーをいただくしくみがわかっていたとは、やはり先人はさすがです。

では、神仏を敬うために、日頃から大切なことはなんでしょう。

それは、まず**「神仏の存在を意識すること」です。**

人間が意識を向ければ向けるほど、その対象とエネルギーが共鳴し合います。

ですから、「いつも守ってくださり、ありがとうございます」と意識を向けると、その意識をエネルギー源として渡していることになる。

つまり、神仏と人間のエネルギーは循環しています。

ちょっと偉そうな言い方かもしれませんが、**日頃ご神仏と接していると、「ある意味、ご神仏は人が育てるんやな」と感じます。**

人間がパワーを送れば送るほど、その威光がどんどん強くなるんですから。

人の思いで〝キャラ変〟した神々

人の思いや祈りは神仏に大いなる影響をもたらします。

もともとの性質ががらりと変わる〝キャラ変〟をするケースもあるんですよ。

たとえば、**もともとは魔物やったものを、人間が封じ込んでお祀りすることで霊験あらたかな神様にした例。**

子どもの守護神として有名な鬼子母神《きしもじん》という神様がいますね。この鬼子母神、本当は、幼児を食べてしまう恐ろしい鬼だったんです。

でもあるとき、お釈迦様《しゃかさま》に自分の子を隠されたことで、子どもを愛する親の気持ちがわかりました。それで改心し、人間の子どもを守るようになりました。

その後、たくさんの人の信仰を集め、次第にパワーアップして人の役に立つ神様になりました。鬼子母神も最初は人間に頼られて、こそばゆい感じやったと思います（笑）。でも、「それなら」と思ってやりだしたら、どんどん祈りが集まって、神格化していったわけです。

また、菅原道真《すがわらのみちざね》や平将門《たいらのまさかど》など不遇の死を遂げた人物が神として祀られ、人々の崇敬を集めて、ますます守護の力を発揮する例も多くあります。

また、神仏が人間の信仰によって〝キャラ変〟する例もあります。

たまたま、何かのご利益があり、「ここは○○に効く神様だ」と評判が立つと、みんながその願いをかなえてもらおうと、こぞってお参りに行くようになります。すると、**その分野の意識エネルギーが集まり、なおさらそのご利益も強まるのです。**

たとえば「○○（病名など）封じ」で有名な仏様のところに、**「○○を癒してください」と大勢の人が訪れるので、その仏様はますますそれを癒すのが得意になっていきます。**人間の意識によって、特定の分野の神仏パワーが強化され、育っていくのですね。

ただ、一方的に、「神様お願いします！」と頼るのでなく、「もちつもたれつ」で繁栄していくのが、人間と神仏の正しいつきあい方やろなと思います。

弁天様に怒られた話

〜神仏には礼儀をもって接しよう〜

ときどき、「神仏は人間を叱るんですか!?」と聞かれますが、**じつは私もこれまで、けっこう神仏に叱られてきました。でも、元気に暮らしていますから安心してください（笑）。**

ちょっと恥ずかしいのですが、「こんなことをしたらあかんよ」という事例をわかってもらえると思うので、私の失敗をお話しします。

とにかく神様仏様は、人間のことをよく見ているんです。

私が、最初に叱られたのは七福神の一尊でもある弁天様（弁財天）です。

もう昔なので、細かな部分は忘れてしまいましたが、当時私は、神仏の「格」

について調べていて、格の高い神様と低い神様では、どう違うかを実験していたのです。

弁天様は「天部」といって、仏様の中では一番「格下」です（上から、「如来部、菩薩《ぼさつ》部、明王部、天部」となります）。

それで、わかったような顔をして「弁天様は格が低いしな」と話していたのです。すると、どこからともなく（エネルギーが）やってきて、こっぴどく叱られました。それからしばらく弁天様が怖くなりました。

落ち込んでいた私はあるとき、申し訳ないことをしたと神戸《こうべ》の弁天様にお参りしました。

すると、お社から突然ブワーッと大きな〝圧〟が来ました。

「こりゃ、なんや！」と驚いていると、こんなメッセージが脳内にドーンと届いたのです。

「格に上下があるのではない。格の違いはお役目の違いだ」

そしてすぐ、次のメッセージがやってきました。

「総理大臣は、総理大臣の仕事をする。会社員は会社員の仕事をする。どの仕事も、すべて必要な仕事だ」

私は、「そうでした。すまなんだです。どうぞお許しください！」と、すぐに謝りました。

「それ、自分の頭で考えたんちゃうの？」と思うかもしれませんが、自分で考えられる内容ではありませんでした。

大事なことを教えてもらった弁天様には、それ以来、頭が上がりません。

ちなみに礼儀といえば、**神社仏閣で写真を撮る際には、先にお参りするのが基本です。**

また、撮影の前には「撮らせていただいていいですか？」と、ご神仏に心の中で尋ねるのが礼儀。そして、自分の感覚でいいので、ＯＫのサインが出たと思ってから撮るようにしてください。小さなことですが、神様仏様は、「礼儀がわかっとるな」と喜ばれますよ。

もちろん、失礼に当たることをしたらいけませんが、気にしすぎるのもよくありません。また、もし「あ、神様を怒らせてしまうた！」と思ったら、**よほどひどいことをしない限り、素直に謝れば、許してくれます。**

神仏は本当にありがたい存在です。私もいままで、神仏にさんざん支えられてきました。だからこそ、礼儀を心得て、神仏に喜んでもらえるようなお参りをしたいと考えています。

ご利益をいただけるかどうかは「相性」で決まる

では実際に、どの寺社にお参りすればいいのか。気になるところですね。

まず、お参りしようと思う寺社のご利益を知ることが大事です。

神仏にも、得意不得意があります。大きな神社や有名なお寺だからといって、なんでも願いをかなえてくれるわけではありません。

もうひとつ、神仏と自分自身の相性を考えることも大事です。

先ほど、神様と仏様のご利益の違いについて話しましたが、正確にいえば、どの神様仏様が力を貸してくれるかは、その人との「相性」で決まります。

これも実践を通してわかったのですが、**人間同士と同じように、神仏と人との間にも相性があるんです。**


願いが通るかどうかは、そのお社にいる神仏と交流が十分できるかどうか、そして、相性がいいかどうかで決まります。

特に、合格祈願や仕事運アップなどは、相性が大事。どんなに評判がよくても、その神様と自分が疎遠やったら、ご利益は期待できません。

相性がいいとは、言い換えれば、その神仏と縁が深いということ。運をよくするには、「縁」を知って参拝に行かなければならないのです。

神様はなんでも願いをかなえてくれるわけではなく、縁のないところに行っても無駄足になると知っておいてください。

縁が深い寺社は、必ず自分自身の直感でわかります。

だって、縁が深いのですから（笑）。

一般情報をリサーチした上で、「この望みをお願いするのはどこがいいやろう」と考え、**ふと心に浮かんだ寺社に「この願いをかなえてくださいますか？」と素直な気持ちで聞いてみましょう。**

すると、「ええで」とか「お参りにおいで」と答えが浮かんだり、「あ、願いがかないそうや！」と感じたりするところがあるはず。

この感覚がある場所に参拝に行ってください。**けっこう多いのが、有名ではない小さな神社仏閣です。**

試しに、**いくつかの神社に足を運んで、境内の気を感じてみるといいですよ。**

単に情報や条件だけで選んだ寺社に行くと、疎遠な感じがしたり、「なんか、祈りが通じた気がせんな」と感じたりするもの。

また、縁のない神社では、「何度お参りしても、なんとなくよそよそしいな」とか「ようけ、人がおって疲れるだけや」とか感じるものです。

その代わり、**縁が深く相性バッチリなら、懐かしさや安らぎを感じます。**「心がほっこりする」「心地よさや親しみ、うれしさを感じる」「懐かしい気持ちになる」「行くだけで元気が出る」「またお参りしようと感じる」……。こんな感覚が、目安です。

また、**氏神や産土《うぶすな》神社（生まれた土地の近くにある神社）は、願いをかなえる窓口だと思ってください。**

神様同士は、ネットワークで結ばれています。だから、氏神や産土神社を通して、「ここの神様にお願いしたいです」と祈ると、「こう言うてるけど、よろしく」と、私たちの代わりに頼んでくれます。

だから、氏神様や産土様は開運の基本と思って、折に触れて、お参りされるといいと思います。

神仏のエネルギーがパワーアップする秘密

またまたあるとき、私は、大きな発見をしました。

もっと効率的に神仏のパワーをいただくにはどうすればいいか、いろいろと試していたときです。

なんとなく思いついて、神様に「いつもありがとうございます」と感謝の気持ちを伝えました。

すると、**神様のエネルギーがドワーッと強くなるのです。**

「おお、神様が反応してはるわ！」と、さらにエネルギーを送りつづけると、ますます神様がパワーアップしていきます。

以後、**まず感謝を伝えてから、魔物を祓《はら》ったりトラブルに対処したりするようにしたところ、段違いで早く解決できるようになりました。**

「神様や仏様に、感謝の気持ちを十分に伝えてはりますか？」と尋ねると、たいていの人は苦笑いされます。

願い事を伝えたい一心で、感謝の気持ちをすっかり忘れている人が多いのです。お参りでは、日頃の感謝をきちんと伝えて、それから自分自身の願いを伝えるようにしましょう。

寺社の拝殿や仏像に向かって、「このご縁をつないでくださり、ありがとうございます」とまず徹底的に感謝します。そして、「神仏が最高にパワーアップしたな」と感じたら、願い事を伝えてください。

コツは、感謝をエネルギーとして渡すつもりで祈ること。

単に、言葉でお礼を言うだけでは弱いです。

感謝の気持ちをお供えし、あなたのパワーを神仏に入れるイメージでやってみてください。その他のポイントは、次の通り。

- 目は閉じていても、実物を見ながらでも、やりやすいほうでＯＫ

・神仏のパワーがブワッと増えたと感じるまで続けましょう
・長時間かける必要はありません。数十秒～長くて１分程度で大丈夫です

祈りはピンポイントでしょう

神仏は人間をよく見ていますが、心の中をなんでも汲《く》み取って願いをかなえてくれると思ったらいけません。

「何をしてほしいか」をはっきり言わないと、神仏は動けません。

なぜそんなことがわかったかというと、それも診察室での経験です。

憑依《ひょうい》された人の肩や背中を特定して、神様に「ここに憑いている魔物を取ってください」とお願いしたとき、**指定した場所がずれていたり、あいまいだったりするとうまく取れないのです。**

「あれ、なんか取れへんなあ」と思って、もう一度チェックし、「ここと、ここ

です」と指定すると、その部分だけは全部取ってくれます。

でも他の部分にもし残っていたとしても、気を利かせて取ってくれるわけではありません。

それで、**「神様はなんでもわかっているわけではないんやな。人間がちゃんとお願いせなあかんな」**と考えるようになったのです。

だから参拝の際には、まず自分の住所と名前を言って、しっかり感謝を。その後、「具体的に何をしてほしいか」を明確に伝えましょう。

「どうか、チャンスをください」も、まだあきません。

もっと端的に、「ブログを見た人が、私に大きな仕事を依頼してくれますように」とか「知名度が上がって、大勢のファンがつきますように」と言ったほうが、神仏も動きやすいわけです。

意外と思われるかもしれませんが、神仏は人間の事情や都合は、あまりわかっていません。

格の高い神仏ほどその傾向がありますが、人間界の事情を経験したことがないので仕方ないのです。

以前、「神様は、お金のこともよく理解できてないんちゃうかな」と思うことがありました。きっかけは、ある会社の社長さんのちょっと変わった相談でした。

「先生、私はずっとある神様に祈っていたら、神様と意思が通じるようになったんです。その神様がいろいろ頼んでくるので、願い事を聞いていました。そうしたら、どんどん貧乏になってきて困ってるんです。これって、本当に神様でしょうか」

拝見してみると、**とても高級なエネルギーがその方に届いていました。間違いなく、高級な神様からのものです。**

じつは、こんなケースがたまにあるのです。

神仏は、ときどき「これぞ」と思う人間を使って、自分の手伝いをさせることがあります。いわば、神仏からスカウトされるわけです。

神様仏様から選ばれたと思うと、誰でもうれしくてはりきりますよね。

ところが、「これ、やって。あれもお願い。そうだ、これも頼むわ」と次々に頼まれるうちに、実生活がうまく回らなくなるわけです。

高級な神仏は人間として生きた経験がないので、人間の生活に興味がないし、知る由もありません。

だから、生きていくためにはお金が必要だとわからないのです。

私は「その神様に、人間にはお金がいるんですと、ちゃんと言わなあきませんよ。**『願い事はやりますから、その分のお金を手配してください』**と伝えてくださいね」とアドバイスしました。

その後は、経済的に持ち直したそうです。

神様のいる場所、仏様のいる場所

神社とお寺では、ご神仏のいる場所は違います。

お寺の仏様は仏像に宿り、基本的に移動しません。仏像より、一回りも二回りも大きなエネルギー体となって鎮座しています。

ですから、仏様にお参りする際には、仏像そのものよりも、その周囲に広がる**仏像に宿る大きなエネルギー体に向かって祈っているとイメージするといいでしょう。**

一方、神社の神様は、境内全体を移動しています。

本殿で正面を向いていることももちろんありますが、屋根のほうにいたり、境内の木や磐座《いわくら》、池などに移動したりしている場合も。

もちろん、社殿に向かってきちんと参拝するのが基本ですが、その後、**「神様はいまどこにいてはるかな」と意識しながら、境内を散策してみるといいでしょう。**

以前、京都のある神社では、神様は本殿横の木におられました。

「こんなところで何されてはるんですか？」と心の中で尋ねたら、**隣の木に移動して、その後、本殿の中にスーッと戻られました。**次に参拝した際にも、神様は本殿横の木にいらっしゃいました。

「神様も運動不足になるんかな?」「それとも、みんなが願い事ばかりするから、ちょっとよけたくなったんかな?」と、想像を膨らませて楽しみました。


同じく、京都の大きな神社に初詣に行ったときのことです。

初詣客で混雑した境内で、「神様はどこにいてはるかな」と探してみました。

なんと、**境内の上をグルグル回って、上空から人間を見下ろしていらっしゃいました。** 人が多すぎて「地上は嫌や」と思われたのかもしれませんね。


以前、ある患者さんの悪縁切りのために、京都のある神社がいいとわかり、参拝をすすめました。その方は、さっそく出向いて熱心にお参りされたとか。

ところが次の診察のとき、「縁が切れるどころか、もっと状況が悪くなってます」とのこと。

「気当てでは確かに反応があったのに、不思議やな」と、境内図を再度チェックしてみました。**すると、悪縁切りを助ける神様は本殿ではなく、別の小さなお社**

にいらっしゃることがわかりました。

主祭神だけではなく、摂社・末社（境内にある小さなお社）の神様にお願いしなければならないケースもあると、このとき初めて知りました。

一般的に、摂社は主祭神に関連ある神様、末社はそれ以外の神仏が祀られています。お寺にも、本堂以外にお堂がある場合が少なくありません。

本殿や本堂だけでなく、境内全般を意識しながら参拝スポットを探しましょう。

とはいえ参拝では、まず本殿や本堂にお参りするのが基本中の基本（二度目からは、直接、摂社・末社に行ってもいいと私は考えています）。

そうしないと、その寺社のパワーを十分にいただけない可能性もありますよ。

お参りすべき時間帯と滞在時間

お参りの時間帯は、邪気の少ない午前のほうがベターやと思います。

私は、ちょっと時間が空いたときや、近所に立ち寄ったときなど、午後でも関係なくお参りしていますが、**午前中が境内のエネルギーが清新なのは確か。**

夕方に近くなればなるほど、人の邪気が多くなります。特に、参拝客の多い神社は、混雑時や夕方に行くと、人の我（念）だらけ。

「こら、あかんわ」と思ったら人混みを避けて、遠くからお参りするといいでしょう。**拝殿から離れていても、神様に向かってエネルギーを通すイメージでお参りすれば、たいていキャッチしてくれますよ。**

夕方や夜にお参りしてはいけないといわれますが、その理由は、防犯上の問題がひとつ。そしてもうひとつは、魔物や悪霊が出てきやすい時間帯だから。

でも、見えない世界全般とつながりやすくなるのも夜です。

天皇陛下が深夜に神事をおこなうこともありますし、伊勢《いせ》神宮などの神社でも、午前2時に神事をおこなったりします。

その時間は「丑三《うし》つ時」ともいわれ、魔界にも通じやすいのですが、神様の世界、スピリチュアルなエネルギーともつながりやすいのです。

またよく、「境内に長くいればいるほど、ご利益が多いんですか？」と聞かれますが、**感謝の気持ちと願い事を伝え終わったと感じたら、長居する必要はありません。**

よその会社に行って、商談や打ち合わせが終わったのにずっといる人はいませんね（笑）。

ただ、寺社はご神仏のパワーに満たされているだけでなく、エネルギーの高い土地にあるので、よい気を取り入れるために散策したり、境内の茶屋で休んだりするのは、とてもいいことです。

神仏からのサインをキャッチしよう

参拝中やその後、人間にいろいろなサインが送られてきます。

大事なことを言います。

開運したいと願うなら、それを見逃さないことです。

まず、参拝の際には、神仏が歓迎のサインを送ってくれることがあります。

もちろんそれは、いいことが起こる兆し。

そして、もし、「これ、どうしようかな」と迷っていることがあったら、ＧＯサインやと思ってください。

参拝中の「吉兆／GOサイン」

・天気が悪かったのに、お参りの間だけ晴れる。虹が出る
・急に心地いいそよ風が吹く
・寺社の駐車場が混んでいても、急に空いて駐車できる
・鳥や蝶《ちょう》などが飛んでくる。いつも決まった蝶や虫がやってくる
・境内の動物（鹿や亀など）が寄ってきたり、こちらをうかがったりする
・鳥やセミが急に鳴きだす
・お神楽が始まったり、太鼓が鳴ったりする

逆に、参拝中に雨が突然降ったり、境内で転んだりしたら、神仏が「やめとき」「それ、間違いやで」と言っているかもしれません。

また、参拝後に物事が急にうまく運ばなくなったりしたら、「いったん立ち止まって、ゆっくり考えてみなはれ」と、イエローカードが出ている可能性もあり

ます。

神仏にお願い事をしたら、日常でいかにサインをキャッチできるかが、幸運をつかめるかどうかの分かれ目。ここで、その特徴を2つお伝えします。

ひとつめの特徴は、**「神仏が答えを直接伝えてくれるわけやない」**ということです。

たとえば、人の口からヒントを教えてもらったり、ふと自分のやるべきことをひらめいたり、たまたま読んだ本や記事の中にヒントがあったり……。

あるいは、いままでつきあいが途絶えていた同級生や、普段はあまり親しくない知人から急に連絡があり、事態がうまく進みはじめる場合も。

それらは、偶然に見せかけて神仏が届けてくれたメッセージや結んでくれた縁。スルーすることなく、生かしましょう。

2つめの特徴は、**「気をつけていないと見落としてしまうような、本当にかすかなサインも多い」**ということ。

神仏に願い事をしたあとしばらくは、起こる出来事を注意深くよーく観察してください。

何よりも大事なのは、**「神仏からのメッセージやサインは、日常の中にあるんや」と、知識として知っていることです。**

それを意識の隅に置いていれば、きっと自分に向けられたサインに気づけるはずです。

大事！　お参り後のアフターフォロー

さらに、お参り後のアフターフォローとして、強力な方法を2つ教えましょう。

まず、お参りの際に、寺社の写真を撮っておきます（撮影は必ず参拝のあとに！）。

そして、自分のタイミングでいいので、**その写真に向かって、感謝と祈願を繰**

り返し送ります。

どのくらいの期間お願いするかは、自分の感覚に従ってください。

そしてもうひとつ、**神仏が実際に、あなたの願い事をかなえるために動いておられる姿をイメージしましょう。**

その姿をイメージすると、「ありがたいなあ」と思えてきますね。その感謝を受け取った神仏は、ますますパワフルになり、願いがうまくかなうように取り計らってくれるでしょう。

おっと、もっとも大事なことを言い忘れるところでした。

神仏に祈願する際の最重要ポイントです。

神仏は、後押しやチャンスは与えてくれます。それに気づく感性が大切だとお話ししましたが、気づくだけでは足りません。

行動しないと、望む結果は出ません。

どんな出来事が後押しなのかをキャッチしながら、実際に行動する。

そんなあなたを見て神仏は目を細め、「がんばりや」とさらなる後押しをしてくれるでしょう。

神仏は人間に直接気持ちを伝えられないので、私が代わりにお伝えします。**めでたく願いがかなったら、お礼参りには必ず行ってください。**

これまでお話ししてきたように、神仏は私たちを助けるために、エネルギーを消費するんです。きちんとお礼に伺って、少なくともいただいた分だけのエネルギーは感謝としてお返ししましょう。

すぐお礼に行くのがむずかしい場合は、写真を見て、意識を向けるだけでもかまいません。まずは、感謝の気持ちを伝えることが第一です。

経験からいえば、仏様のほうが神様より感謝を忘れても比較的優しい感じはしますが、お礼参りが大事なことに変わりはありません。

心当たりがある人は、ぜひお礼参りに行きましょう。もし、「大変や、ずっと忘れとった」という場合は、まずしっかり謝ってください。

神仏に好かれる人の共通点

毎日、神様や仏様と皆さんの橋渡しをしていると、「神仏の恩恵を受けやすい人がおるんやなあ」とつくづく思います。

そして、「神仏に好かれる人になれば、たいていのことは大丈夫」と感じます。神仏に助けてもらえるからだけではありません。**神仏が好ましく思う人は、人間の世界でうまくいく特徴をもっているからです。**

何もむずかしいことありまへん。たとえば、**あまり暗く考えすぎない、前向きに生きようと努力する、人に親切にする、礼儀正しくする……。人として、当たり前のことばかりです。**

この他に、神仏が応援したいと思う人の特徴をまとめました。

- **神仏の得意分野を知って、願い事に来る人**
- **神仏を敬う人**
- **神仏の好物を供えてくれる人**
- **感謝エネルギーを送ってくれる人**

これから、この視点で神仏に接していくと、お互いの距離がどんどん縮まっていくでしょう。

その上で、もうひとつ神仏に好かれる人の大事な共通点があります。この本の最後に、それをお伝えしたいと思います。

それは、「神仏の意向に沿った生き方をしている人」です。

神仏は、ご自身の守る土地（及び日本）を繁栄させたいと願っています。

だから**神仏と同じように、その土地（及び日本）に貢献したいと思っている人間は、特に目をかけて応援してくれます。**

たとえば、自分のビジネスを発展させたいと願うとき、自分自身の利益だけを考えていたらあきません。

そのビジネスによって恩恵を受ける人、ビジネスに関わる人すべてが豊かになる。

そして、地域や日本にも貢献できる。

この視点をもって行動し、また祈ることが大事なのです。

エピローグ

きばらずリラックスしていきましょう

おつかれさまでした。今回の診療はこれで終わりです。
どうですか？　少しは、気分がようなりましたか？
「よっしゃ、これから運が上がりそうや！」「おもろかったなあ。元気が出たわ」
そう思ってもらえたら、うれしいです。

なんといっても、**幸運を呼び込むためには、まず心が晴れやかになってリラックスすることが大事やからね。**

気分がよくなったあなたの運が、これから確実に上がっていくように、最後に2つだけアドバイスをしましょか。

まず、**本の中で紹介したマイナスエネルギーの対処法や、見えない存在へのお**

願いの方法は、ひとつだけでなく、いろいろ試していってください。

どんな病気も治すオールマイティな薬がないように、**「これだけやっておけば絶対大丈夫」という浄化法や開運法はありません。**

風邪で病院に行っても、喉や鼻の薬、抗生物質、胃薬など、いくつもの薬を処方されますよね。

運を上げるときも同じです。自分自身の直感でいいので、「いま、これをやってみよう」と思うものをいくつか合わせて、その都度やっていってください。

そして次に大事なのは、がんばりすぎないこと。

だいたい人間が、きばって何かをやろうとすると、自分本来の力が発揮できんのですわ。

だから、「なんとしてもやりとげるぞ！」とか「絶対に成功するぞ！」と力まへんほうがいいんです。

マイナスエネルギーがクリアになって、先祖や神仏のサポートが得られるようになれば、自然に、「こうなるといいなあ」という方向に人生が進んでいきます。

だから安心していいですよ。

もし、「なんや疲れたな」と思ったら、大阪の不思議な医者が言うてたことを思い出してくれれば、きっとまた元気を取り戻せるはずやから。

どうぞこれから、自分も人も、そして、先祖や神仏も大事にして、運のいい毎日を送っていってくださいね。

不思議Ｄｒ．はっしーこと　橋本和哉

橋本和哉（はしもと・かずや）

医学博士。大阪府出身。

祖母が霊能者で不思議体験をする家系に育つ。専門は内科、神経内科、漢方。

1988年大阪大学大学院医学研究科修了後、漢方、気功、Oリングテスト、ダウジング、催眠を学ぶ。病院勤務後、2002年「はしもと内科外科クリニック」、2006年NPO「癒しと健康ネットワーク」を設立。

通常の診察の他、医療ヨガや、独自に開発した「気当て診断法」や「天賜気功」を応用し、健康や人生に悩む多くの人の相談にものっている。

雑誌掲載、テレビ出演多数。著書に『医師が語る霊障』（創藝社）、『医師がすすめる「おふとんヨガ」』（マキノ出版）などがある。

不思議Dr.はっしーの運がよくなるクリニック

2020年　7月10日 初版印刷
2020年　7月20日 初版発行

著　者　　橋本和哉
発行人　　植木宣隆
発行所　　株式会社 サンマーク出版
　　　　　東京都新宿区高田馬場2－16－11
　　　　　（電）03-5272-3166

印　刷　　三松堂株式会社
製　本　　株式会社村上製本所

ISBN978-4-7631-3823-1　C0030
ホームページ　https://www.sunmark.co.jp

サンマーク出版のベストセラー・シリーズ

ベストセラー「写龍」シリーズ

斎灯サトル【著】

写龍
しあわせの龍を呼ぶ本

B4変型判並製　定価＝本体1500円＋税

写龍
しあわせの龍を贈るPOSTCARD BOOK

A4変型判並製　定価＝本体1200円＋税

SNSでも ＃写龍 で話題！
なぞるたびに、心が整い、人生が輝く！
日本初！　龍づくしのなぞり絵&ぬり絵。

サンマーク出版の話題の書

人生をひらく 不思議な100物語

大島ケンスケ【著】

四六判並製　定価＝本体1600円＋税

すべて実話、すべて異次元。
“スピリチュアル百物語”で眠れる意識が目覚め、
人生が変わるのか!?

- 読みおわったとき、何が起こるのか？
- 不思議な「龍、妖精、ユニコーン……聖なる存在」の話
- 不思議な「家族」の話
- 不思議な「体と感覚」の話
- 不思議な「パラレルワールド、過去、未来」の話
- 不思議な「覚醒体験」の話
- 不思議な「夢」の話

電子版はKindle、楽天〈kobo〉、またはiPhoneアプリ（Apple Books等）で購読できます。

サンマーク出版の話題の書

言葉の力を高めると、夢はかなう

渡邊康弘【著】

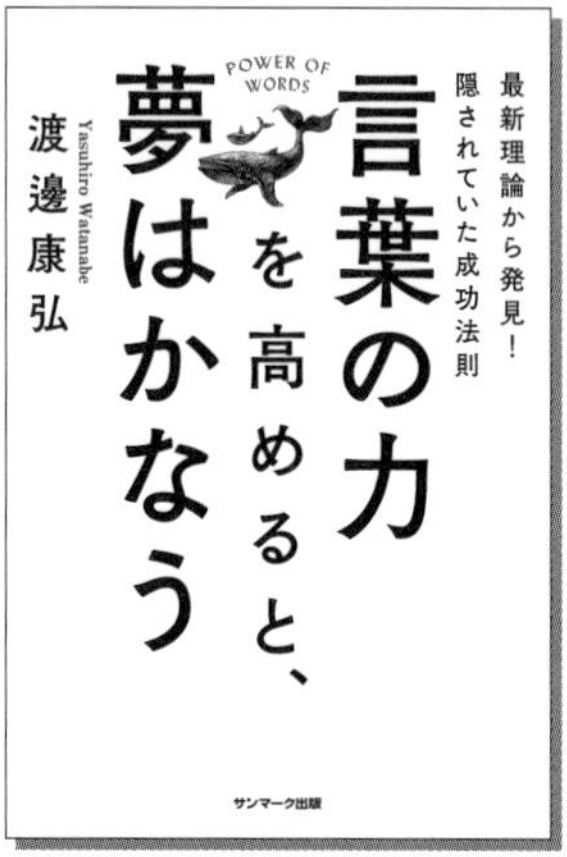

四六判並製　定価＝本体1500円＋税

脳科学、認知心理学などの最新研究から導く、
願いを効果的にかなえる秘密！

- 最新理論から導き出された！　言葉の力を高める方法
- 書くだけで夢が動き出すその証拠とは？
- 時間の罠から脱出せよ！「未来から時間は流れる」設定に変更
- 映画の主人公はいつも日常に不満をもっている
- ３分間「ありがとう」と言うと言葉の反射神経が鍛えられる
- 一流の人はすでに「力を高められた言葉」を使っている
- 小さな達成だけで、脳の認知機能は正常になる

電子版はKindle、楽天〈kobo〉、またはiPhoneアプリ（Apple Books等）で購読できます。